名人家风丛书

读书传家继世长

——何溥与何氏家风

名人家风丛书

读书传家继世长

——何溥与何氏家风

王立刚　著

中原出版传媒集团
中原传媒股份公司

大象出版社
·郑州·

图书在版编目(CIP)数据

读书传家继世长：何溥与何氏家风／王立刚著.—郑州：大象出版社，2016.1（2018.11 重印）
（名人家风丛书）
ISBN 978-7-5347-8283-1

Ⅰ.①读… Ⅱ.①王… Ⅲ.①家庭道德—中国—通俗读物 ②何溥—家族—史料 Ⅳ.①B823.1 ②K820.9

中国版本图书馆 CIP 数据核字(2015)第 019142 号

名人家风丛书
DUSHU CHUANJIA JI SHI CHANG
读书传家继世长
——何溥与何氏家风
王立刚 著

出 版 人 王刘纯
总 策 划 郑强胜
责任编辑 侯金芳
责任校对 裴红燕
封面设计 王莉娟
版式设计 王 敏

出版发行 大象出版社(郑州市开元路 16 号 邮政编码 450044)
发行科 0371-63863551 总编室 0371-65597936
网 址 www.daxiang.cn
印 刷 洛阳和众印刷有限公司
经 销 各地新华书店经销
开 本 890mm×1240mm 1/32
印 张 7
字 数 154 千字
版 次 2016 年 1 月第 1 版 2018 年 11 月第 4 次印刷
定 价 28.00 元
若发现印、装质量问题，影响阅读，请与承印厂联系调换。
印厂地址 洛阳市高新区丰华路三号
邮政编码 471003 电话 0379-64606268

总　序

一个人有一个人的气质，一个国家有一个国家的性格。一个家庭在长期的延续过程中，也会形成自己独特的风气。这样一种看不见的风尚习惯、摸不着的精神风貌，以一种隐性的形态存在于特定家庭的日常生活之中，家庭成员的一举手、一投足，无不体现出这样一种习性。这就是家风。

“家风”一词，最早见于西晋著名文学家潘岳的诗中。与潘岳有“双璧”之称的夏侯湛，自恃文才超群，将《诗经》中有目无文的六篇“笙诗”补缀成篇。潘岳为与友人唱和，写作了《家风诗》。在这首诗中，作者通过歌颂祖德、称美自己的家族传统以自勉。

“家风”又称“门风”，这个词语在西晋出现并在随后流行，显然和“士族”“世族”“势族”“大族”“世家大族”成为社会上的统治力量有关。无论是以宗族为根基、以武力为特质的地方豪族，还是以官宦为标志、以文化为表征的名家大姓，他们政治上累世贵显，经济上广占土地，文化上世传家学，垄断了全社会的主要资源。除通过九品中正制和婚姻关系来维护门阀制度之外，他们还自矜门户、标树家风，用以抵御皇权和寒人的侵渔。正因为如此，两晋以后，这个词语渐次流行。从发轫之初，“家风”就往往和“门风”互用。我们可以将它理解为家庭的风气，将它看作一个家庭的传统、一个家庭的文化。

传统作为人类代代相传的行事方式，是从过去延传到现在的事物。没有经过较长时间的过滤和沉淀，就形成不了传统。在《论传统》的作者希尔斯看来，至少要持续三代人，才能成为传统。尽管世代本身的长短不一，但无论是信仰还是行动范式要成为传统，至少需要三代人的两次延传。家风作为特定家庭的传统，是该家庭长时期历史汰选、传统沉淀的结果，是一辈又一辈先人生活的结晶。在历史文献中，“家风”或与“世德”共举，或与“世业”并称，足见家风有别于时尚，而与“世”即很多年代、好几辈子紧密关联。在时间上持续的短暂性是时尚的特征，而家风则是历经延传并持久存在，或者在子孙后代身上一再出现的东西。正是在这个意义上，历史文献中提及“家风”一词，往往蕴含对传统的继承。如比比皆是的“不坠家风”“世守家风”“克绍家风”“世其家风”及“家风克嗣”等，无不体现了这一特点。

有一种观点认为，家风必须是健康的、积极向上的，否则，不能称之为家风。实际上，这只是说者的一种期许、一种渴盼，家风本身并不蕴含这样的意味。否则，“良好家风”就是毫无意义的同义反复。正如“文化”是使民族之间表现出差异性的东西，时时表现着一个民族的自我和特色一样，家风作为家庭的文化和传统，表现的也是一个家庭的气质和风习，反映出一个家庭与其他家庭的不同之处。它完全是一个中性的概念，并不必然具有正面的意义。有的家风可能是勤奋俭朴、为人忠厚、待人有礼，也有的家风可能是狡诈刻薄、游荡为非、跋扈凶横。如同一所学校、一个班级的风习我们称之为学风、班风，而学风有好坏之分，班风有高下之别，并不总是值得弘扬一样，家风同样也有不良的，并不都是传家宝。正因为如此，对家风或门风则就既有称誉，也有贬损。即便是在传统社会，被视为传家久、继世长的，也只有耕读、忠厚、清廉这样一些美好的品质。

的确，家风的特征在前现代、在乡村社会、在大家庭中表现得十分鲜明，格外生动，而在现代城市家庭中却不那么明显。但是，只要一个组织存在，就会有这个组织的文化，特别是这个组织如果有历史的厚重，有传统的积淀，就更是如此。作为家庭的文化，家风是附丽于家庭而存在的，只要有家庭，就会有家风。家风并不必然会因为农村的城市化、大家族被小家庭所取代而丧失，或者说，随着历史的演进，社会情势的变化，家风的具体内容肯定会有变化，但家风仍然会存在。我们可以这样认为，没有家风，本质上也是一种家风。在社会结构和家庭结构都发生了革命性变革的当今社会，人们感叹“家风”的荡然无存，其实是指家庭所秉持的“只耕田，只读书，自然富贵；不欠债，不健讼，何等安宁”这样一些古典原则的式微，是指“耕读两途，读可荣身耕可富；勤俭二字，勤能创业俭能盈”这样一些传统内容的沦落，是“志欲光前，惟是诗书教子；心存裕后，莫如勤俭传家”这样一些旧时理念的散淡，而不是家风本身的消逝。

此外，家风不同于家规。虽然这两个词都与家庭教育相关，但它们有着本质的差异。

家规是家庭或家族中的规矩，是家人所必须遵守的规范或法度，是父祖长辈为后代子孙所制定的立身处世、居家治生的原则和教条。它是借助尊长的权威，加之于子孙族众的又一重道德约束，有的甚至具有法律效力。它有家训、家诫、家仪、家教、家法、家约、家矩、家则、家政、家制等名义，有敬祖宗、睦宗族、教子孙、慎婚嫁、务本业、励勤奋、尚节俭等多方面的内容，是行于口头、针对性强的具体教诫，是见诸家书、目的明确的谆谆训诲，是载诸家谱、可供讽诵的文本规条。家规可以有多种分类，如：根据其表现形式，可以分为教诫活动的家规和文献形式的家规两种；根据内容，则可以分为针对一人一事、起因明确、内容具体、结果显豁的非规范性家规和针对整个人生、涉及方方面面的规范性家规。有的家规，着重家庭子弟的道德修养，教授为人处世要法；有的家规，集中居家治生，以至是祠堂、义庄、学塾等的管理规条。但无论如何，相对于家风，家规一个总的特点是有形的，是可视可见的。

一个家庭的家风有别于这个家庭世代相传的道德准则和处世方法，它是一个家庭的性格特征。虽然它一旦形成，也就成为教化的资源，对家族子弟具有熏染影响、沾溉浸濡的意义，但家风是一种不必刻意教诫或传授，仅仅通过耳濡目染就能获得的精神气质，具有“润物细无声”的作用。历史文献中的“渐渍家风”，就极为生动形象地诠释了这一过程。通俗地说，我们可以把家规看作教化家人的教科书，而家风则是经由长期教化后的结果。

马年春节期间，中央电视台的“家风”系列报道，引起了社会的热烈反响和高度认同。这一报道对于引导人们自觉省思，培植良好的家风，构建和谐的家庭关系，夯实家庭这一社会的堡垒，进而培养全社会的良风美俗，疗治现今社会的乱象，无疑具有积极的意义。正是基于这样一种用心，寻根杂志社主编郑强胜代表大象出版社，约请我主编这套“名人家风丛书”。

由于时间关系，第一辑的十本书都是我的学生编写的，他们有的已经博士毕业，有的还硕士在读，水平不一。尽管我们高度重视这一工作，多次在中心的例会上讨论编写事宜，但由于时间仓促，特别是水平所限，其中肯定会有这样或那样的问题。希望读者诚挚地帮助我们，不吝指教，以便我们把后面的工作做得更好。

北京师范大学国学经典教育研究中心 徐梓

2015年1月

目录

第一章

灵石两渡的何氏家族

本书讲述的是山西省灵石县两渡村何氏家族的故事。从清朝开始，灵石何氏一直延续至今，已经有十几代人。在中国，何氏是一个拥有众多人口的大姓。本来灵石何氏仅是古代社会中的一个十分普通的家族，即使在数量庞大的何姓宗族内，灵石何氏这一支也算不上是特别出名的家族。相比之下，灵石何氏留给后世的特点在于这个家族拥有对于读书的渴望和对于读书的天分。

在清代，灵石何氏家族在科举考试上取得了巨大的成功，于是从一个默默无闻、不为人知的家族变成了当时灵石县的四大望族之一。灵石何氏家族一共有十几个人考中进士，而考中举人、秀才的人数更多，这在当时引起巨大的轰动，山西中部甚至有了“无何不开科”这样的说法。在清代末年，灵石何氏又选择了学习近代自然科学，同样取得了重要的成就。

阅读一个家族的故事，可以穿过宏观的历史叙述，进入具体而微的古人生活中去，看到数百年来，生活在中国广大农村的普通百姓是如何通过一代又一代的努力，传承自己的“家族性格”，适应社会、积累物质财富、参与国家权力分配，进而维系家族的稳定与发展的。

灵石何氏生活的两渡村，位于山西省最大的河流——汾河的河谷中。流至此地的汾河，在河中央形成了一个小洲，河流被分割成了两部分。往来的人想要跨过汾河，就需连续经过两个渡口，所以村名就叫作两渡了。

“两渡”这个名字一直使用到今天，是山西省灵石县下属的一个村。从灵石县城向北，驱车只要十多分钟便能到达位于汾河岸边的这个村。两渡的左右两侧，都是层峦叠嶂的山脉，一侧是太岳山，一侧是吕梁山。山西省由于特殊的地理形势自古被称为“表里河山”，在山河相间的两渡村附近，尤其可以称作典型。

自古以来，位于汾河河谷的通道便是沟通太原和陕西渭河平原的必经之路。从两渡向东北可以到达太原、大同，向西南可以直下陕西。《读史方舆纪要》在提到两渡村附近的霍州时说：“大岳镇其东，汾水经其西，据山川之胜，为扼要之所，争衡于太原、平阳间，未有不以州为孔道者也。”

在明代以前，灵石何氏本来生活在我国中部的河南省，是“中州旧族”。在中国，拥有“何”姓的大家族很多，分布在全国各地，其中生活在中原地区的何氏相对有更悠久的历史。到明代晚期，何氏家族向北越过太行山，迁徙到山西省灵石县两渡村，从此在这里定居下来，成为后来的灵石何氏。

刚刚迁徙到两渡村的何氏家族，没有煊赫的名声，只是默默无闻的普通百姓。家族的成员为了追求温饱而在山西省的中部从事农业生产，家族的子弟接受教育也仅是为了认字，方便生活。明清之际，先是李自成的部队北上，后是清军南下，社会并不稳定。乱世中的何氏家族仅能勉强维持温饱而已。

两渡秋晴

直到社会慢慢稳定下来，灵石何氏家族中有见识的人才开始思考家族的未来。他们在分析并且认清了当时社会发展脉络之后，为何氏家族的后代制定了明确的家族规范，同时将家族的维系与发展寄托在了科举考试上。

在古代社会，由于季风气候的不稳定，从事农业生产难免受到天灾的影响，在北方更是如此。一个家族要想获得稳定的发展，必须要思考农业生产之外的发展方式。在明清时期，在从事农业生产的同时也重视参加科举考试，同时选择“耕”与“读”是最有效的途径。通过参加科举考试，可以参与国家权力的分配，也可以在地方社会获得威望，从而带来家族的稳定发展。

何氏家族成员参加科举考试并不是一开始就取得了成功，而是经过上百年的积累和摸索，才终于找到了在科举考试上获取成功的密码。而家风与家训对于何氏家族获得科举考试的成功起到了重要作用。可以说，家族以及作为维系家族的家族规范，正是何氏家族的成员能够在不断变化的社会中立足并适应社会，在科举考试上获得成功的根本力量。

第二章

何溥的贡献

何氏家族在财富积累和参与地方权力分配方面出现重要的发展是在九世祖何溥之时，何溥不仅在参加科举考试的道路上迈出了重要的一步，而且为何氏家族其他方面的发展奠定了基础。

在何溥之前，何氏家族家境一直不好。在距离何溥所生活的时期一百多年之前，何氏家族曾经有祖先何立本考中秀才，那时候还是明代。何立本不仅考中了秀才，而且成了贡生，成了秀才中的佼佼者。在明清时期，地方社会挑选出最优秀的秀才，送入京城升入京师的国子监读书，称为“贡生”制度，意谓“贡”给中央或者皇帝的人才。每个县都有一个或者几个“贡生”名额。不过，生活在明代晚期的何立本并没有让何氏家族从此富裕起来，他只是做过一段时间的塾师。

第一节　振家声　先读书

在何氏祖先留下的家训中，读书被看得最重要。这是何氏家族最重要的特点，也是何氏家族能够经历时代变迁而屹立不倒的根本原因。

进入清代之后，在何溥之前，何氏家族几代人中没有一个人考中秀才。大约在康熙初年，何溥考中了秀才，成为进入清代之后何氏家族考中秀才第一人，而且通过何溥，何氏家族完成了从无到有的最初的物质积累。

在清代，科举考试分为几个等级，最高等级是在京城参加会试，然后参加殿试，会试考中称为“贡士”，贡士参加殿试之后称为“进士”。在参加会试之前需要在各省的省城参加乡试，考中者称为“举人”。在参加乡试之前，则要参加童试，童试考中者称为“秀才”。进士、举人这时候距离何氏家族还很遥远，何溥获得的秀才名号，仅仅是科举考试中的最低一级，甚至不是真正意义上的科举名分，因为即使考中秀才，也无法获得做官的资格。可是，考中秀才也很不容易。考生需要先到所在县城参加县试，县试通过之后，再到所在府（大约相当于现在的地市）参加府试，府试通过之后还需要再一次来到府城参加院试。县试、府试、院试三次考试都各有四五场，都各要经历十多天。如果通过了县试，但没有通过府试，下次再考，考生仍旧需要从县试再次考起。根据研究，清代中期，大约每一百个人中才能有一个人考中秀才。其录取率远低于今天任何一所大学的硕士、博士的录取率，甚至可以与最火热时期的公务员考试相比了。

清代的秀才与明代的秀才不甚相同。最大的区别在于，明代的秀才较容易考中，因而社会上秀才的数量占总人口的比例较大，秀才并不算是绝对的稀缺人才。到了清代，国家对于秀才的录取名额做出了严格的限制。清代中期以后，全国人口总数大量增加，从康熙到乾隆，全国总人口增加了大约三倍，但是在此期间，秀才的录取名额并没有出现较大的变化，所以秀才在总人口中的比例大大下降，成为稀缺人才。在灵石县，每次童试，前来参加考试的考生往往有上千人甚至数千人，但是录取名额最初只有12人。直到乾隆五十四年（1789年），山西学政郑际唐见灵石文人辈出，很多优秀人才，学问已经很好，却连一介秀才名分都没有，于是专门为此向中央提出申请，希望增加童试录取名额。最后，中央从山西大同府的童试名额中划拨了3个名额给灵石。这样，灵石的童试录取名额才增加到15人。但是，每次录取15人也远远不能满足需求。许多规模不大的村庄，甚至一百年间没有出过一个秀才。

在清代中期，因为录取名额太少而考生太多，考中秀才是十分不易的，人们普遍感到“和尚普度，秀才拘数”。所以，何溥考中秀才，至少在本地读书人中已经属于佼佼者了。对于当时家境并不好的何氏家族来说，能培养出一个秀才是十分不容易的。考中秀才需要考生的勤奋和天赋，这自然不必多说。更重要的是，考生复习应考也需要充足的时间保证和物质条件。考生从开始读书，到能够熟练地就“四书”“五经”中的每一句话都写出一篇文采可观的文章，这需要付出大量的时间。考生报名参加考试，也要付出交通费、食宿费、试卷费等费用。

在那个时候，复习应考的读书人所读的书没有任何实用价值，就像今天的哲学或者文学类的学科一样，不能对物质生产起到直接的帮助作用。一个人如果选择了读书的道路，那么至少意味着不能再参加生产劳动，不能直接创造财富了，同时还需要做好失败之后再重新开始农业劳动的准备。因为对于从事农业生产来说，“四书”“五经”是没有任何帮助的。

试想，假如今天的公务员考试所考的题目，需要考生其他什么事都不做，连续学习很多年才能勉强完成题目，那么还会有多少人愿意为此付出努力呢？更何况，即使考中秀才，其实只是取得了“附生”的名分，作为所有类别秀才的最末一种，并不能很快成为“廪生”，也就是无法获得国家资金补贴，更不能做官，等于仍旧是没有正式工作，可以说考中秀才除一个名分外，依然什么都没有。所以，能够坚持学习、坚持考试，并且在上千人甚至数千人中脱颖而出，必然是天才加勤奋，还需要加上家庭的鼓励和帮助才行。

虽然何溥对何氏家族在科举考试的路上有了开创性的贡献，不过，在考中秀才之后，若想再考中举人就更难了。有了秀才身份之后若要参加乡试，先要参加科试。科试取得一等或者二等的成绩，才能报名参加乡试，不过大部分考生都能在科试中考得一等或者二等。

因为童试不断举行，也就不断录取新的秀才，能参加乡试的考生自然越积累越多，而通过非正规的方式“购买”的国子监学生等身份的人也能参加乡试，所以乡试的录取率同样很低。考生参加乡试的时候所面对的竞争者，比以前参加童试的时候更加优秀。这便需要考生在原来的基础上再付出几十倍的努力、几十倍的时间、几十倍的金钱。

在这样的背景下，包括何溥在内的大多数家庭的孩子要么根本不再参加乡试，要么参加一两次，如果没考中，便从此放弃了。由于秀才本身的稀缺性，获得秀才功名之后，在四里八乡就可以成为有头有脸的人物了，在务农的同时可以做塾师，参与地方事务，也足以在小范围内光大门楣、光宗耀祖了。所以，受到种种条件的限制，何溥一生仅有秀才名分，没能在科举考试的道路上走得更远一些。

第二节　家计窘　改商贾

影响何溥继续参加考试的最大限制因素是金钱。《何氏家谱》记载，何溥少年时，家庭条件很差，其之所以能够考中秀才，主要依赖的是何溥的天赋，考中秀才之后，何家再没有能力供何溥继续读书了。

在参加乡试落榜之后，已经是秀才身份的何溥没有像其他的秀才一样选择做一名塾师，过上普通底层文人的生活，而是选择了经商。在当时，一般情况下，乡试落榜的人都不再会满足于原来务农的生活方式了，做塾师当然是大多数人的选择。

在清代，如果不读书，不参加童试，一个普通务农的人可能一辈子就生活在方圆几里地之内。而从小读书的考生们多次往来县城、府城、省城，眼界不会局限在自己生活的小村庄里，在往来赶考、参加考试的过程中也结识了大量读书人，总要想方设法找到新的谋生方式，中国的底层社会也会被这一批人带动的有了活力。

经商是一个能够迅速增加财富的途径，但是与从事农业生产相比风险也较大。何溥选择经商，这在当时也不完全是一种特立独行的选择，在何溥生活的灵石县，有很多人都会外出经商。这与灵石所处的地理环境有关。灵石县两渡村及其附近平地极少，大都是处在山峦环抱之中。景色固然优美，但是人多地少，如果是处在吕梁山的深处，交通也十分不便。

两渡虽然位于太原与陕西之间的必经之路，交通方便，位置也极为重要，但在当时，两渡村面临的最大问题是耕地的数量有限，且土质也不肥沃。民国时期编写的《灵石县志》记载："灵（石）虽地处冲途，而山田僻壤，伙于他境，故土物所出视他境较寡焉。"这意味着，如果单靠农业，单靠本本分分地耕种土地，很难在物质财富积累上有较好的收获。

这并没有难倒灵石人。从清代中期开始，灵石县所在的晋中南地区便有很多人走出山西，到各地经商。这些人就是后来闻名于世的晋商。著名晋商留下的王家大院，就在灵石县静升镇，与两渡村只有一山之隔。不独灵石如此，山西中南部还有不少地区也像灵石一样。在明清时期，整个山西中南部都面临着与两渡类似的情况，这些地区的山西人也都纷纷走向全国各地，从事丝绸、盐业、粮食、运输、金融等各类商业活动，晋商便是由此而出现的。何氏家族完成财富积累，成为本地殷实之家的过程，不是依靠种地，而是依靠经商。

何溥是一个非常聪明也非常勤奋的人，很适合从事商业活动。据记载，何溥在经商的过程中，"凡有筹划无不精当者，又善知人用之，各当其材，故常获利数倍”。经商与读书不同，读书只需要一个人敞开思想面对圣贤的世界，在道德境界上越接近圣贤，则写出来的文章越符合科举考试的标准。经商则不然，需要一个人面对现实功利的世界，按照功利的逻辑来面对他人。在当时，科举考试所需要读的书，大都属于在道德上高谈阔论式的书，而经商则事无巨细，要处处计算好，才能实现盈利。所以读书人好谈理想，而商人则精于打算。《何氏族谱》中记载，善于计划正是何溥的长处。

当然，经商不同于务农，风险很大，需要技巧的地方也很多。在经商的过程中，一个人只有在处理各种事务的过程中善于观察学习，才能敏锐地察觉各种变化，做出正确的决策。同时，经商也需要一个人在面临关键决策的时候能够有足够的魄力。只有这样，才能使商业活动发挥出其在物质财富的积累速度上快于农业的优势。

在当时，很多木材商人为了节省运费，往往将木材从山上砍下，再捆绑在一起做成巨大的木筏，顺着河流漂流到下游的某个地点，然后派人在此处将木材捞起来，最后再出售。有一次，何溥所在商号的木材漂流到壶口瀑布处之后，遇到特殊的河床环境，导致木材全都沉到了河底。伙计慌忙向何溥汇报这一情况，但是何溥却认为，在壶口瀑布处的河床下边，必然不只有他自己商号的木材沉下，肯定还有很多别人的木材遇到同样的情况，因为无法打捞全都弃置于此了。

于是，何溥做出了更大胆的决定，要求商号再投入更多的资金，将更多的木材沉入壶口瀑布处的河底。这时候奇迹出现了，本来木材是能够浮在水面上的，只是从瀑布下来的水流太急，木材才被水流压在河底，而再次投入更多的木材之后，由于新木材冲击旧木材，便使得河床底部产生了搅动，旧木材受到冲击全部浮了起来。伙计们计算了一下，最后捞起来的木材比投入的全部木材还要多，因为此前其他人弃置的木材也有很多受到冲击一起浮了起来。

通过这一事例，可以看到何溥在商业经营上具有的天分，他善于分析，并愿意冒险，这样才能赢得他人无法得到的利益。还有一次，天津商人的大量木材严重积压，销售不出去，当何溥了解情况之后，却说“奇货可居”。在何溥看来，木材的总供应量和总需求量变化并不大，变化的只是由于市场价格波动导致的短期积压，可是其他商人都不认可何溥的观点。

何溥经过分析之后，大量买入了这批木材。不久之后，木材价格回升，并且销量大增。众人不解其中的缘由，何溥举出了一句商业名言来说明这一现象：“贵弃如粪土，贱取如珠玉。”价格高低与商品供应量的多少上下波动，是自古以来任何社会都存在的现象，直到今天也不例外。

“贵弃如粪土，贱取如珠玉”，是针对做生意的人说的话。当一种库存商品的价格已经很高的时候，即使买者众多，这时候也应该抓住时机，将商品如“粪土”一样大量售出。当然，因为此时的价格处在高位，即使是“粪土”，也不会低到哪里去。所以“粪土”只是说做生意的人在此时要有这样一种心理状态，不要舍不得出售。反过来，如果某种商品已经非常便宜，不受欢迎，无人问津，这时候做生意的人，要把这种商品当作“珠玉”一样，用高价买进。当然，因为商品的价格处在低位，所以此时所谓的高价买进，也仅仅是相对而言的高价，只是说此时做生意的人要珍惜这些无人问津的商品，这些商品才是能够赚钱的宝贝。

有了这样的头脑，有了这样的胆魄，有了这样的能力，何溥在经商的过程中自然会获得成功。到何溥晚年时，他为自己家族积累的白银已经在十万两以上，何家成为当地有名的殷实之家了。

第三节　热心肠　系故土

少年时代的何溥，“家计虽贫，志气特异”，很早就显示了与众不同的一面。虽然这时何氏家族的家境并不好，但是何溥暗暗立下志向，要通过自己的努力来改变家族的面貌。

有一次，少年何溥与同村的一位长者谈论起家门外不远处的一大块空地。何溥说：“如果将来谁愿意把这块空地给了我，我一定会为我们家建起一大片房子。”老者觉得这位少年是在吹牛，便说：“凭你能为家里建起一座小房子就足可以了，不要指望建什么大房子了。”何溥对此很不服气，认为是“燕雀安知鸿鹄之志”。

何溥实现自己早年为家族盖起大房子的志向，也是通过极具商业头脑的方法来实现的。康熙五十九年（1720年），由于连年大旱，粮食减产，灵石县出现了饥荒。很多老百姓打下的粮食都不够吃，为了填饱肚子，很多人四处做工，导致此时的劳动力价格大大降低。于是何溥利用这一机会在老家大兴土木，用了大量劳动力，在家门外的空地上修建房子。不过，何溥刻意将工期拖得很长，房子也建得很大。工期一直持续了两年，直到康熙六十一年（1722年），灵石所在地区的粮食获得大丰收，灾荒终于结束之时，工期也才结束。

何溥建造房屋所用的劳动力价格很低，这是由市场供需的波动所造成的，如果没有灾荒，何溥也难以得到这样的机会；在另一方面，何溥实际上等于用“以工代赈”的方式帮助同村及附近的大量灾民渡过了生死难关。这次盖起来的房子有很多院落，不少房子甚至是楼房。在落成之日，因为参与何溥家族房屋修建而得以度过大灾之年的乡邻纷纷到何溥家表示祝贺，曾经与少年何溥谈论这块土地的老者前来祝贺，称赞何溥“不意汝能为此也”。

何溥关心家乡百姓生活，也为两渡的公共设施建设做出了贡献。自古以来汾河就以水质优良闻名于世，民国时期的《灵石县志》编写者将“两渡秋晴”作为灵石县的著名风景。《灵石县志》记载：

> 城北三十里名两渡，石桥蜿蜒，叠水环漪，平洲小艇，宛见江乡；林梢青峰，数叠烟云变灭。每当秋晴雨过，浓翠扑人，觉无限诗情踊跃于斜阳村落间矣。

在优美的景色背后，是一些实际生活上的麻烦。最初，人们往来汾河两岸依靠渡船，但是每次过河都靠渡船毕竟很不方便。在何溥经商回乡之后不久，往来的渡船竟然坏了。此处本来地处交通要道，往来渡口的行人很多，都要跨过汾河才能继续前行，人们都对此感到非常不便。

何溥知道这一情况之后，意识到乡亲们出行的不便，于是捐出一些钱，用于购买渡河用的舟船，从此人们又能往来汾河两岸了。不久之后，何溥认为在冬天结冰之后，渡船便无法使用了；在夏秋季节，遇到大雨、大风天气，渡船也很不安全，不如在汾河上修建一座桥梁。有了桥梁，便不论春夏秋冬何种天气，往来的行人都能很轻易地通过汾河了。

于是，何溥带头捐出大笔银两，周围的乡绅看到何溥带头，也纷纷捐款，资金很快便筹集到位，捐资者“请诸乡公直数人掌握银两，共董此事”。不久之后，很诗意的“秋晴桥”修建完毕。往来汾河的行人从此不再将滚滚的河水视为畏途了。

遗憾的是，何溥本人却没有能看到秋晴桥的最终修建完毕。在秋晴桥开始修建之后不久，何溥便去世了。临终之前，他希望自己的两个儿子能够继承父志。何溥的两个儿子——何龙腾和何世基兄弟没有辜负父亲的期望，他们“纠请公直某等成其事，一切悉如公议”。

秋晴桥为两渡附近往来汾河的行人提供了极大的便利。在当时，汾河的水量还很大，在夏秋季节尤其如此。如果没有桥，渡河确实很困难。几百年来，秋晴桥一直矗立在汾河之上，造福两渡附近的老百姓。2009年3月，两渡镇政府曾经出资对秋晴桥进行全面加固。尽管现在汾河的河水经常处于断流状态，但是秋晴桥早已成为两渡镇最著名的文化景观。两渡镇的小学生开始学写作文的时候，“秋晴桥”经常作为题目，这充分显示了秋晴桥在当地百姓心中的位置。

第四节　兴家门　商而儒

在今天看来，何溥经商成功为何氏家族的兴起奠定了坚实的物质基础。如果没有这些物质积累，贫穷的后代将不可能有足够的闲暇来读书。即使有足够的天分，也必然会因为物质条件的困扰而不得不减少读书、参加考试的时间和精力，而何氏家族在科举考试上的成就也必然会大打折扣。

所以，何溥可以说是灵石何氏家族兴起的第一功臣。倘若在今天，一个平民家庭如果产生了一位大企业家，一位通过个人努力成了亿万富翁的人，家族的后代自然要对此大加赞誉，反复追述。但是，从何氏家族的发展中却能看到，许多年之后，何氏家族在编写族谱的时候，对何溥经商的事迹却反应平平，以至于今天的后代很难看到关于何溥如何一步步经商兴起家业的详细过程。

反过来，《何氏族谱》中却反复强调何氏家族是“以儒术起家”。其理由是，明代末年，何氏最早从河南迁往山西时，始祖何立本曾经是当时的“岁贡生”，经书读得很好，并曾经从事过私塾教师的工作。

在《何氏族谱》中，何立本的位置似乎要比何溥高，因为何立本是“贡生”，是秀才中的佼佼者，而何溥仅是一个普通的秀才。《何氏族谱》的编写者是何溥的后代，家谱的作者没有将何溥作为何氏家族读书事业的开创者，而将更久远的祖先何立本作为何氏读书家风的开创者，认为自何立本从教之后，“嗣是耕读并重，砚田墨庄，人人知务，故游胶庠，入成均，举孝廉，曳紫纡朱，相间不绝”。

何氏族谱书影

其实古代家谱中经常能看到这样的话，何立本之后，何氏家族参加科举考试，在很长时间内还没有实现“相间不绝”获得成功的局面。不过，何氏家族的后代以这样的态度来认识家族的历史，其实并不难理解。撰写族谱这种行为，与其说是为了纪念祖先，毋宁说是为了教育后代。《何氏族谱》在序言中写道：“食祖宗之泽，当知创业艰难，虑子孙之愚，须思训提宜早。”纪念祖先，在本质上充其量只是一种形式化的事情。

翻开古代的族谱，往往可以看到有的编写者对自己的每一代祖先都大加称道，不论祖先从事什么工作，都能找到有值得后人学习的地方。在族谱的编写者看来，赞扬祖先就是对祖先的一种纪念。更重要的是，在赞扬的过程中，家族传承的正当性得到强化，尤其家谱也能发挥教育后代的职责了。祖先被赞扬的部分，总是族谱的编写者希望后代拥有的部分，这样一来，家谱的实际作用就在家族后代的身上显现出来了。

这在何氏家族中也是一样，族谱的编写者希望后代能够将读书作为重要的事业，而不是从事商业，所以何立本的重要性胜过了何溥。

何氏家族在何溥经商成功之后，已经积累了许多财富。在农业社会，即使何氏家庭从此停止经商活动，用这些财富来购买土地，并获得租金，何氏家族也能算是殷实之家了。但是物质财富永远都是流动的，如果不能找到好办法来维护这些财富，最多两代人就可以将所有财富消耗完毕。所以，有远见的家族管理者真正考虑的是家族的壮大。要想获得壮大，就必须要参与国家权力分配，只有这样才能在更高层面维护家族利益，保护家族的财产。对于既不是皇族也不是贵族出身的普通家庭来说，参与国家权力分配的唯一的途径就是参加科举考试。

所以何氏族谱中对何氏家族的家训做了总结，其中最关键的一条便是要求何氏子孙能够“敦诗说礼，不坠先人遗训”。淡化何溥经商活动对家族的影响，刻意塑造何氏家族读书的传统，正是出于对何氏家族长远发展的考虑。不仅要读书，而且要读与科举考试直接相关的圣贤经典。《何氏族谱》记载：“子弟衣鲜食肥，视学舍为偷闲之地”，“浏览于俗鄙怪诞之书，而不以经籍为本；从事于词华浮薄之作，而不以理道为宗；分章析句矜言问奇，而无裨于身心；谈空说无徒尚元妙，而不济于实用”。

何氏后代在科举考试上取得的巨大成功，离不开这种对家族传统的不断构建、不断强化。“蓬生麻中，不扶自直；白沙在涅，与之俱黑。”当家族的后代从小听到的都是要重视读书的话，即使出现暂时的困难，读书仍旧将被视为最具正当性的事业，这是何氏家族在科举考试上获得成功的一方面原因。

第三章

秀才家族的突破

道德或者作风，往往是在习惯中养成的。提倡某种道德的人有时候明知这种道德品质并不是完全值得信赖的，可是说得多了，便开始有很多人相信，有很多人践行，而经常践行，便成了习惯，进而就成了真的道德实践、道德传统。何氏家族本来并不是真正意义上的读书世家，但是由于何氏族人不断地强化，让何氏家族变成了真正的读书世家。

第一节　继先志　不改素

在何溥去世之后，用功读书，热心乡里成为他的两个儿子何世基与何龙腾一生的追求。

两人除了修建秋晴桥，还为本地做了许多其他好事。在灵石县的西北，汾河西岸，有一处叫雷家庄的地方。此地山高路险，崎岖的小路一侧是万丈深渊，一侧是巍峨的高山。无论是本地人外出，还是外地人经过此地，都对这样的路感到不便，不少人甚至不敢从这样危险的路上走过。可是这处地方在交通位置上又十分重要，所以在当地是极大的麻烦。

在知道了这件事之后，何世基带头捐资，为修路筹备了足够的资金，很快将这条道路修好。道路修好之后，往来行人无不感到便利。本来该地因为交通不便，本地的产品运不出去，外地的物品运不进来，这让本地的物价常常比其他地区高出很多，对老百姓的日常生活有不小的影响。在何世基等人的努力下，由于有了更好的道路，往来的运输成本降低，这甚至降低了本地的物价水平。

路修好之后，何世基甚至还担心将来这条路会因为缺少资金、疏于维修而荒废，于是将一笔专款留给儿子，嘱咐其妥善使用，作为将来维修道路的资金。

何世基这样不图名利，只为他人做善事的作风，让远近百姓为之折服。此外，族谱中还提到，何世基在平日生活中敢言善断，为附近的乡邻排忧解难。邻里生活中遇到了麻烦，何世基经常出面帮助排忧解难。有时候，周围邻里之间遇到一些问题，双方互不相让，都在计较对方的过错，何世基出面说的话总是让两方都认为最公道，双方的矛盾也很快化解。

何溥的另一个儿子何龙腾在何溥去世之后，“修桥梁，给籽种，施棺木，利人之事，知无不为，终其身如此”。何龙腾这样做，也不完全是因为何氏家族的家庭条件好。对何龙腾来说，帮助他人似乎是一种自然而然的本分，是一种与生俱来的天性。当然，这种品德肯定不会是与生俱来的，必然是受到其所在家族的影响。

何龙腾见到有困难的人自然就会伸出援手，有时候其所帮助的人是素不相识的。相比之下，何龙腾的性格比何世基更加“天真”一些，帮助他人更加不求任何回报，是真正有一种助人为乐的精神。有时候，何龙腾自己的生活也有困难，但是在帮助他人这件事上，仍旧丝毫不吝啬。有一次，何龙腾甚至将自己的衣服拿到当铺当了，换回钱来帮助有困难的人。

自何溥之后，何氏家族这种积德累善的风气代代相传。

何世基也将读书作为重要的事情。《何氏族谱》记载，两渡本地在很长一段时间里，一位老师也没有。本地的孩子要想读书，要出外到很远的地方去，很不方便。于是何世基出资帮助本地人聘请了教师，设立了一处私塾。这样，孩子们终于在本地有了上学的地方，本地在读书上取得成就的人也渐渐多了起来。

第二节　获青衿　登士族

在何溥获得秀才功名之后的大约一百年时间里，灵石何氏家族在参加科举考试的路上一直都没能走得更远。也就是说，何氏家族的成员仅拥有秀才名分，没有一个人能够通过乡试，考中举人。在此期间，何氏家族的秀才已经出现了好几位，但是充其量仅仅是一个秀才家族。比如何氏家族的第十代何世基，仍旧与何溥一样仅获得了秀才功名，没能在科举考试的路上再向前走一步。这样的状况一直持续到乾隆三十六年（1771年）。

在清代的历史上，有很多像何氏家族这样的家族，在科举考试上取得了巨大的成功，但是在最初的一段时间，甚至是很长时间里，几代人一直仅能考中秀才。直到有一天，家族中的一个人终于实现了从秀才到举人的突破。从此，这个家族似乎找到了科举考试的密码，开始在科举考试上有了质的飞跃。

在清代，何氏家族一共考中了15个进士，大约占灵石县全部进士的四分之三。何氏家族的后世子孙在科举考试上所获得的巨大成功，当然离不开自何溥之后，几代人对科举考试的持守。在近一百年里，仅有秀才功名的何氏家族不断地摸索，终于找到了打开科举考试之门的钥匙。

当然，何溥为何氏家族创造的物质财富，是支持何氏家族在一百年里不断坚持的最大基础。何氏家族的后代在准备科举考试的时候，不用再担心没有专门的时间，不用再担心因读书脱离生产劳动而导致食不果腹。由于参加童试往往需要考生准备好多年，参加童试的考生大都已经二十来岁，到了成家立业、担负家庭责任的年龄。如果没有足够的物质基础，何氏家族不可能打得起这样的“持久战”；如果没有足够的物质基础，何氏家族的后代从儿童时代开始，就需要面对谋生的压力，何氏家族至少在秀才这一阶段上可能还会停留更久。

一直以来，何氏家族都把读书作为最正当的事业，但是科举考试的路是如此艰难。即使在较为充裕的财富的支持之下，即使努力用功，何氏家族的后代也并没有很快获得成功。哪怕仅仅是比秀才高一点的举人功名，看起来也是遥不可及。

从秀才到举人，这在科举考试体系中是从一个等级上升到另一个等级，对于普通百姓来说，这中间却有质的飞跃，而且实现这一飞跃要面对极大的困难。在清代，绝大多数秀才并不出外做官，考中之后仍旧回到乡里，生活在原来的家中。而一旦考中举人，往往会离开故乡，到外地做官或者主持某个书院。所以在一般百姓眼里，秀才是本地人才，而举人则是国家人才了。从获得秀才名分到获得举人名分是从地方到国家的跨越，所以非常困难。

由于国家对参加童试考生的身份没有什么限制，只要读过一点儿书，而且家里有条件支持其参加考试的人，每逢童试举行的年份，总要打起背包赶到县城去参加童试的第一步——县试。

有些考生明知自己的水平是不可能考中的，却仍乐此不疲。在这些人中间，有一部分是没有秀才名分的塾师，他们往往将参加童试作为保持自己在东家眼里的“读书人”的身份的途径。参加了童试，结识了更多的读书人，整日讨论圣人的教诲，在东家看来，就真的成了读书人。这是塾师们用来维持自己工作的一项重要活动。

实际上很多人参加童试并不是为了能够考中秀才，而是抱有其他目的。秀才的录取比例虽然是“百里挑一”，但是对于志在必得的考生来说，有很多竞争对手是可以忽略的。相比之下，参加乡试的考生年龄更大，家庭压力更大，选择参加乡试，几乎等于走上了选择以读书为本业的“不归路”。所以考举人的时候，绝大多数竞争对手都不会怠慢了这场考试，很少有像参加童试考生的那种情况。因此考中举人比考中秀才的难度要大很多。

在那个时代，在底层社会的舆论中，哪怕只要能够参加童试，就意味着进入了“童生”的行列，与“国家”直接产生了联系。在没有文化、不识字的老百姓看来，“童生”就算是有文化的读书人。在国家上下都崇奉圣贤的话语，在全社会都追捧科举，追捧“四书”“五经”的年代，“有文化”且能参加童试，这本身还意味着话语权。

清代地方政权的力量十分薄弱，后人称之为“皇权不下县”。一县之内的某个村里，如果出现了社会纠纷，甚至是命案，以县政府有限的几个人根本无力直接参与解决。在这个时候，知县便会给村里的读书人，当然往往是村里的秀才发出一纸“照会”，授权其代表县政府处理纠纷。在纠纷处理完毕之后，秀才们只要将处理的基本过程汇报给县政府即可。所谓的“照会”，在那个年代本来就是指“授权或告知一起处理事务”的意思。

因为只有读书人才能看得懂政府发来的文件，只有读书人才能根据经典中圣人提供的基本原则处理社会问题，只有读书人才能将处理纠纷的过程写出来汇报给政府。实际上意味着只有读书人才能与政府直接形成对接。当然，知县本人也是读书人，并且是至少拥有举人功名的读书人。这样，作为属于地方社会读书人的秀才便拥有了不小的权力，当然政府也有用得到本地读书人的时候。对于政府来说，读书人最重要的用处在于，只有讨好这些读书人，征收赋税时才有人帮助完成。

解决纠纷与征收赋税，可以说是清代地方政府最重要的两项任务了，征收赋税尤其是难上加难的事情。因为知县全都来自外地，不了解本地的情况，没有专门的财政收入，也缺少人手帮忙，所以很多时候，清代地方政府的税收是由本村或本地的“士绅”们代收的。有时候，如果知县因为一些事情得罪了本地的“士绅”，那么税收的任务就面临着难以完成的局面。有时候，知县亲自来到某些“钉子村”里，却发现有能力缴纳银子的人全都躲了起来，能找到的人要么处在家徒四壁、食不果腹的状态，要么是已经对政府有些不满。这些最贫穷的人只要不搞“农民起义”，就已经对得起政府了，收税的事情根本无从谈起。

在清代农村地区的权力格局中，以读书人为主要群体的“士绅”发挥着极大的作用，或者说是发挥着关键的作用。因为这些读书人掌握着对没有文化的老百姓解释圣人话语的权力，也掌握着对政府解释村里各类人的道德状况和生活境况的权力。

这样，在清代的农村，所有人都渴望成为读书人，而成为读书人的路，也像“千军万马过独木桥”一样艰难。

从何氏家族的例子来看，要想成为秀才，除考生的天赋和勤奋外，还至少要满足一些客观条件。其中最重要的是，与考生关系最紧密的人能支持考生读书。比如灵石何氏家族一直将读书作为最重要的传统，这意味着考生获得了家族内的支持。有时候，很多物质条件不太好的家族，也会尽全力支持后代读书。只有获得了家族方面的支持，考生在读书时间上能够有保证。童试三年举行两次，只要时间充裕，一次不中，下一次可以继续再考。有些人一直考到四五十岁，才终于考中。当然，更多的情况是，如果考生的家庭条件不太好，一两次考不中，便会放弃了。这些考生的退出，减少了那些矢志不渝的考生们的压力。

参加童试，如果希望考中，那么考生要完成考试复习的准备工作，这需要花费很长时间。

第一步，考生要完成“四书”“五经”的完整背诵，并且能够按照标准的注解理解每句话的意思，尤其对于“四书”，必须做到背诵得滚瓜烂熟，因为童试考题的主要题目都是“四书”“五经”中的原话。比如，一道考题是“不迁怒，不贰过”，对于这样的考题，考生就要知道，这句话出自《论语》，原文是：哀公问：“弟子孰为好学？”孔子对曰：“有颜回者好学，不迁怒，不贰过。不幸短命死矣。今也则亡，未闻好学者也。”

同时，也要知道作为标准答案的朱熹对这句话的理解是：“怒于甲者，不移于乙；过于前者，不复于后。”否则，考生可能连题目都读不懂。

所以，背诵“四书”“五经”实际上是背诵现代意义上的“题库”，只有这样，才能读懂考题的题目。这是考生作答的基本前提。但是完成了基本前提才是考试准备工作的开始，接下来还有更多的事情要做。

第二步，考生要能够针对“四书”“五经”中的每一句话，写出一篇几百字的文章来，而且不能用口头的“俗语”写，而必须用古典语言，也就是已经不再是当时口头还使用着的，只是“圣贤”曾经使用的语言来写。当时的人认为，这种圣贤的语言经过了上千年的文化积累，非常纯洁，只能用来表达最高尚的思想，所以这种写作被称为是“代圣贤立言”。一个人越能懂得圣贤的内心，写出来的文章自然越接近圣贤的话语，自然越受到青睐。完成这一步远比完成背诵要艰难得多。

这种文章也叫作“时文”“八股文”，拥有与诗歌写作相类似的固定格式，比如在某些段落要写出对仗、写出押韵来才行，而且八股文的写作要求使用近似于经典中的语言，不能使用口头语，所以每一句话、每一种表达方式的写作都要经过反复练习。学习者要沉浸在圣贤的概念体系和话语方式中，才能更接近“圣贤的话语”。所以，八股文的写作难度很大，许多天资平平的考生尽管十分用功，可能毕其一生都难以写出像样的文章来。所以，识字很容易，要成为能读懂圣贤话语的“读书人”则很难。

一个家族，只要能有充足的物质条件，并且坚持鼓励后代子弟读书，总有一两个人适合读书。只要这一两个人愿意为此付出一些努力，那么考中秀才是早晚的事情。

在考中秀才之后，绝大多数考生不再愿意去参加乡试，这主要是受到物质条件的限制。参加乡试要到省城去，所需要的时间更多，需要投入更多的精力。这样，考生实际上面临着更大的人生风险。只有那些家庭条件确实很好，且希望后代能够考中的家族，以及那些家庭条件一般，但是拥有极高天分，周围的老师、同学都十分看好的人，才会选择继续参加乡试。

在考秀才的时候，家族所提供的物质条件和时间保证与考生的成败有着很大的关系。但是，在接下来继续参加科举考试以考取举人名分的时候，影响因素会出现一些变化。客观因素渐渐变小，而主观的天赋、方法、能力变得越来越重要。如果考生找不到有效的写作方法来提高写作水平，即使有再多的钱也难以帮助其考中举人和进士。

所以，在成为秀才家族之后，在应对科举考试上，找到好的方法，也就是找到提高写作能力的方法成为困扰何氏家族的关键问题。

第三节　遇名师　功名著

到了参加乡试的阶段，所有考生都会摆出一副拼命的样子。在小说《儒林外史》中，主人公范进已经考中秀才，而且家里完全处于“吃了上顿没下顿”的状况，按照其丈人的说法，完全可以谋一个教职养家糊口了，不必再参加乡试了，但是由于范进被老师看好，老师认为他的文章的火候已到，参加乡试必然能考中，于是范进才拼尽全力去考试，并且最终考中了举人。

考生参加乡试，竞争更加激烈。在复习应考的时候，考生们往往会选择离开本地，到更远处的水平较高的书院，甚至到京城去继续学习。这可以保证考生获得专业化的学习环境，不再为农田里的琐事所烦扰，专心学习才能有所收获。其中尤其重要的是，考生在水平较高的书院里可以获得专门的探讨和指导。

何氏家族在科举考试道路上的重要转变，正是发生在这种“离开本地”的思路下。何氏后代何思钧为了求学离开本地，来到京城，见识到了在文章写作上真正的牛人，所以其应对科举考试的能力才获得实质性的提高。如果何氏家族继续抱着一种“本地主义”，恐怕永远只能做秀才家族，充其量只能成为“土财”，虽然能在本地发挥一些作用，或许也有一些人能获得成功，但必然难以取得后来考中15名进士的辉煌“战绩”。

在当时，省会尤其是京城，文化相对比较发达。在这些大城市里，有众多书院或者类似书院的机构，针对科举考试提供专门化的复习指导。尤其是在京城，每届会试之后，有大批来自全国各地的举人滞留在此，这些希望能够考中进士的人虽然落榜了，却不想离开京城回到本地。因为在清代，一个县里除了知县等官员之外，可能只有三四名举人，这三四名举人往往也是退休在家的老年人。在一些地区，秀才做塾师都是比较少见的，举人做塾师的几乎没有。所以一个举人如果没能考中进士，回到家乡后，实际上缺少同样等级或者同类的人来交流思想、交流文章，独学无友，学问往往会荒废。在这种情况下，已经考中秀才的人想在本地找到学问好、文章水平高的老师也很困难。

本地的书院是例外，举人们回到故乡往往可以谋得管理书院的工作，秀才们在书院里复习应考，有机会与文章水平较高的举人交流。不过，对举人来说，管理书院会严重影响自己会试复习的事情，所以一些举人在会试落榜之后干脆留在京城。这些人虽然是落榜生，但是与一些刚刚考中秀才的人相比，个个都是绝对的文章高手，尤其是一些因为客观因素没能考中而“怀才不遇”的举人。童生考中秀才的比例大约为1%，秀才考中举人的比例大约为2%，所以一个举人意味着是千里挑一甚至万里挑一的文章高手了。

在大多数秀才看来，本地的书院是已经考中秀才之后，继续参加乡试的最佳复习场所。除了在书院里能见到志同道合的人，能接触到水平更高的举人，书院也能为考生提供“膏火”作为基本的生活补贴，考生不再需要担心挣钱糊口的问题。不过问题在于书院的名额十分有限，进入书院也需要考试，其竞争的激烈程度甚至与乡试可有一比。所以，大多数人考不中书院。

像何氏家族这样的物质条件较为充裕的家族，最好的选择是，在考中秀才之后直接到京城求学。在京城里生活着来自全国各地的大批举人，而且这些举人实际上仅仅是想继续参加会试，空余的时间很多。在等待会试的两三年里需要生活费，所以很多举人开馆授业，不求挣多少钱，只求维持到下一届会试的日子，开馆授业也算是某种意义上的“教学相长”。对于学生来说，跟随这些举人学习拥有很高的“性价比”。只要想想举人在乡下的稀缺程度，便可知道这意味着什么了。

何思钧来到京城，找到的老师是姚鼐。这彻底改变了何氏家族在科举考试上的命运。当然，何思钧来到京城的时候，姚鼐也仅是一个在会试中落榜而滞留京城的普通举人，为了糊口而开馆授业。

姚鼐是一位直到今天都广为人知的文章大家，其文章水平为后世所公认。据当代学者研究，姚鼐所写的《登泰山记》是近代以来所有语文教材中入选率最高的文章。比如《登泰山记》所写的“及既上，苍山负雪，明烛天南，望晚日照城郭，汶水、徂徕如画，而半山居雾若带然”，在今天看来，真是神来之笔，而这只是姚鼐写过的众多文章中很普通的一篇而已。跟随姚鼐这样的文章大家学习，考中举人乃至考中进士都是指日可待的事情了。

何思钧来到京城的这一年是乾隆二十三年（1758年），这一年他22岁，而姚鼐仅比何思钧大六岁，但是一心求学的何思钧为姚鼐的文章水平所折服，此后一直跟随姚鼐学习长达六年之久。据姚鼐回忆，何思钧很珍惜在姚鼐门下学习的机会，上课时极为认真，不但“背诵诸经，直立不移”，而且总是恭恭敬敬地站在老师面前，直到将书完全背诵完毕才鞠躬退下。

今天无法看到何思钧跟随姚鼐学习的更加具体的场景，不过在当时，一般较高水平的老师教学大致都是如此。读书、背诵，尤其是写作练习、文章修改始终是最重要的教学内容。考生胸中存下的古代经典越多，写时乃能心有所指。似乎“背”书破万卷，下笔如有神。在背诵阶段完成之后，写作练习变得更加重要，一般情况下，指导老师会根据自己以往的经验以及对考试的理解，给考生出写作的题目，要求学生来写。这个阶段的考生一般已经有了一定的写作基础，最重要的不是写不出文章，而是写不好文章。考生如果希望能在上百篇文章中脱颖而出，这就要求在命题立意、谋篇布局、遣词造句上有胜过他人之处。而写作水平的提高主要依赖练习，这就像学骑自行车一样，只有不断练习才能学会并且熟练。最重要的是老师对学生文章的修改，在修改的过程中，老师能慢慢发现文章好与坏的门路，学生则能明白自己的不足，从而取得进步。

六年的师生关系让何思钧与姚鼐两人建立了很好的关系，尤其在备考的时候，两人都还不是名声煊赫的大人物，相互结交并不为贪图对方的名利。今天想要知道关于何思钧的一些事迹甚至需要依据姚鼐写的《何季甄家传》一文。在这篇文章中，姚鼐指出："季甄之家法整饬，老而所养益邃，容肃而气冲，士流有前辈典型之望。其所以训子者，真古义之道也。数十年未尝须臾昼而居内，敕其子皆然。"

乾隆三十六年（1771年），何思钧参加山西省乡试，考中举人。乾隆四十年（1775年），何思钧在京城通过会试，参加殿试之后，考中进士。

自何溥以下，何氏家族取得秀才名分与其物质条件的改善有紧密关系，而何思钧在科举考试上获得更大的成功，更主要的原因可能在于文章写作境界上的提升。这让何思钧以及整个何氏家族最终明白了应对科举的门道。从此以后，何氏家族在科举考试的道路上便一发不可收。

在考中进士的前一年，何思钧在京城又一次见到了姚鼐。此时的姚鼐已经考中进士，并成为一名普通的京官。看到何思钧及其家人，尤其是何思钧的儿子，姚鼐感叹地说："何氏其必兴乎然！"

何思钧的儿子何道生，在12年之后的乾隆五十二年（1787年）考中进士。何思钧的另外一个儿子何道冲，也在乾隆五十二年考中进士。

何道生与何道冲是亲兄弟，两人在同一年考中进士，何道生考得二甲第二十九名，何道冲考得二甲第八名。在清代，参加殿试的考生，最终成绩分为三等，一等只有三名，可以获得"进士及第"的名号，实际上这三人分别是状元、榜眼、探花；二等若干名，可以获得"进士出身"的名号；三等若干人，可以获得"同进士出身"的名号。三个等次都可以称为进士。在何道生、何道冲兄弟二人同时考中进士的时候，其父亲何思钧尚健在，这在当时是轰动性的事件。时任礼部尚书的王杰，为何氏家族题写了“兄弟同榜翰林”的牌匾。这标志着何氏家族开始进入获取科举考试成功的巅峰时期。

翰林是对当时考中进士并进入翰林院这一机构的进士的通俗称呼。翰林院是清代最高级别的人才储备部门。一般来讲，一甲进士可以直接进入翰林院，二、三甲进士则需要再一次经过被称为朝考的考试，凡是成绩优等，就可以成为翰林院庶吉士。

在清代翰林院迎来何氏家族何思钧父子之后，何氏家族仍在科举考试的道路上不断刷新着纪录，翰林院继续迎接着一位又一位灵石何氏家族的成员。

何思钧的重孙何荣续，嘉庆十五年（1810年）考中举人，嘉庆十九年（1814年）考中进士。

何炳彝，嘉庆十八年（1813年）考中举人，嘉庆二十四年（1819年）考中进士。

何辉绶，嘉庆十九年（1814年）考中举人，嘉庆二十四年（1819年）恩科进士。

何道生的儿子，何氏家族第十三世何熙绩，嘉庆二十三年（1818年）顺天乡试，考中举人，道光二年（1822年）考中进士。

何耿绳，嘉庆二十四年（1819年）顺天乡试，考中举人，道光二年（1822年）考中进士，在会试中考得前五名的成绩。

何耀纶，咸丰元年（1851年）以前五名的成绩在顺天乡试考中举人，咸丰三年（1853年）考中进士。

何辉绶的儿子何莱福，同治元年（1862年）恩科乡试，考中举人，同治七年（1868年）考中进士。

何熙绩的儿子何福咸，道光二十三年（1843年）顺天乡试，考中举人，道光三十年（1850年）考中进士。

何玉福，咸丰二年（1852年）考中举人，同治二年（1863年）考中进士。

何福堃，同治六年（1867年）考中举人，光绪三年（1877年）考中进士。

何乃莹，光绪二年（1876年）山西乡试第三名，光绪六年（1880年）考中进士。

在上述的进士群体中，何思均、何道生、何熙绩、何福咸也是直系亲属关系，这在当时再次引起了巨大轰动。灵石何氏家族在科举考试上所获得的成功，成为后人讲述清代科举考试和家族读书风气代代相传的典范。

第四章

何氏族学和义学

在清代的200多年间，灵石县一共考中了文进士23人，而何氏家族占了14人，大约占全县进士总数的61%。清代灵石全县共考中举人101人，何氏家族占了28人，大约占了28%。可见何氏家族在科举考试上形成了一种集群效应。在山西一带甚至出现了“无何不开科”的说法。

这种在科举考试上集群效应不是平白无故产生的，与何氏家族重视读书的家风有密切的关系。而何氏家族重视读书的家风表现在很多方面，除构建家族历史，逐渐将读书作为本家族最有正当性的事情，逐渐在家族内形成读书传统外，还有一些具体的制度性措施，为家族后代选择读书提供制度保证。在这些制度保障中，最重要的是设立族学和义学，保证家族内所有的后代都能够接受初步的教育。这是何氏家族在科举考试上取得成功的又一重要法宝。

第一节　师道立　善人出

何氏家族的第一位进士何思钧考中秀才之后便来到京城求学，以追求在科举考试上能够“更上一层楼”。何思钧考中秀才之前读书的地方是族学和义学，何氏家族的众多后代在最初读书的时候，也都是在族学和义学中完成早期教育的。

在清代中国底层社会的教育体系中，族学和义学占有重要的地位。族学、义学加上各类私塾，构成了清代初级阶段的学校体系。

族学是由某一个家族出资创办的，主要供本族后代读书的私人学校。《何氏族谱》记载，何家第九世何大鳞“念先世以绩学为业，乃与介庵共设皋比，延名儒为子弟课，公复严加督率，寒暑不少辍，后皆列入胶庠。今二公后文学不绝，盖渊源有自云”。

《何氏族谱》中所说的“皋比”就是族学，当时很多人将学校称为“皋比”。“皋比”的意思实际上类似于今天所说的“讲席”。设立“皋比”，在词义上就是设立讲席，是一种尊重老师的说法，类似于今天西方大学中的设立“某某教席”的意思。在词义上，“皋比”本来是指一种虎皮，后来表示坐垫，再后来表示座席，再后来则用来表示讲席，所以何氏家族以及当时的许多家族所创办的义学都称为“皋比”。

何氏家族的何大鳞设立族学，当然不仅仅供何大鳞本人的孩子上学。这里的“族”是指更广泛意义上的“宗族”。在清代，灵石县两渡村一度有80%的人口都姓何，这些何姓人员可能大都是何立本的后代，但不都是何大鳞的后代。村里所有何姓的人都是有血缘关系的，但是由于代系发展太久，并不是所有的何氏子孙都是生活在一个家庭里的。也就是说，在何氏宗族内又分出许多都是姓何的何氏家族。

由于这些不同的何氏家族是分开生活的，时间久了，有的家族境况好一些，有的家族境况差一些。不同的何氏家族之间并不是完全一样的，但是该村所有的何氏家族都被认为是何氏宗族的后代，都可以进入何氏的族学内学习。这就像《红楼梦》中的宁国府、荣国府都是贾氏家族，但是两家并不“共财”，在生活上并不是完全在一起的。两家人的后代都可以进入贾氏族学学习，甚至与贾宝玉关系疏远的贾琛也可以被认为是贾氏宗族的人。

设立族学，这是大家族的象征。《红楼梦》中的贾氏宗族正是如此，贾府上下将族学作为一种荣誉。就像何氏家族一样，随着人口的增加，整个宗族的规模会变得很大，会分出很多支裔。《红楼梦》中贾氏族学的设立，正是贾氏祖先考虑到贾氏的后代会越来越多，随着家族内支系扩展，必然会分家，必然出现有的支系家境富裕，有的支系家境贫寒的局面。在这种情况下，为了保证所有贾氏后代都能有学上，于是创办了族学。虽然与贾宝玉一起生活的人只是贾宝玉的奶奶的后代，但贾氏的族学是整个贾氏宗族的荣誉。贾氏族学的设立可以保障所有贾氏家族的后代读书上学，哪怕某个贾氏的后代的家庭比较贫寒。

《红楼梦》中贾氏族学的老师只有一位，是贾氏宗族内的一位老者。《红楼梦》描述的贾氏族学管理混乱，教学水平不高，学生甚至公然在课堂上打群架。当然，这只是小说中的描述。

何氏族学在历史上延续了很久，其水平也远远高于《红楼梦》中所描述的贾氏族学。在何氏族学中，何氏家族内在科举考试上有所成就的人，有时会亲自担任老师。根据何氏家族的第十四世祖何莱福的朱卷记载，何莱福的授业师中很多都是何家的族人，比如何莱福的蒙师何庆恺和何甲颖都是何氏家族中的人，何莱福的课师何庆澜和何福宇也是何氏家族中的人。

由此可以看出，何氏家族的许多拥有功名的人都是老师。其中何莱福的蒙师何庆恺和何甲颖是贡生，也就是当时秀才中最优秀的一部分人；而作为何莱福课师的何庆澜和何福宇则是举人出身。在当时举人直接做老师的人不多，这可能与何氏家族家风有关，即使考中举人，也愿意继续做老师。

清代老师的“种类”繁多，凡是曾经对考生学习有所帮助的老师都称为授业师，而授业师又分蒙师、业师、课师、问业师、书院肄业师等。蒙师是一个人开始读书识字时的老师，业师比蒙师教授的知识程度更高一些，课师是负责辅导考生应试的老师。

一个考生如果考中了秀才、举人、进士，尤其是高级别的功名之后，会把自己在考场上的考题和作答，也就是自己写的文章印刷出来，分发给亲友们作为纪念，这就是“朱卷”。因为每一次考试考生都需要写很多篇文章，比如乡试分为三场，每一场有三四篇文章，所以印刷出来的文章会形成一本小册子。

乡试和会试在阅卷过程中有誊录的环节，也就是政府雇用专门的誊录手，将考生作答的内容一字一句地誊录在另外的答题纸上，标上标号，阅卷人员只能看到誊录后的内容，这样可防止阅卷人员和考生之间根据笔记串通作弊。考生作答的时候使用的是墨笔，也就是黑色的笔迹，墨笔原始作答称为墨卷；而誊录手誊录的时候使用的是朱笔，也就是红色的笔迹。墨卷在誊录结束之后都会封藏起来，等到考试结果公布之后，凡是录取的考生，墨卷与朱卷要装订起来统一送交上级部门复查，未考中考生的墨卷可以由考生领走，但是一般没人去领。现在一般能看到的都是誊录后的试卷，因为都是红色字迹，所以称为“朱卷”。

考生一般都会在自己印刷的朱卷上增加不少信息，最常见的是在试卷正文之前增加“祖宗八代”的荣誉史和自己求学过程中遇到的老师的名字。除授业师外，凡是录取考生的阅卷老师，也就是主考官、副主考官、同考官等人，则是授知师。

何氏家族的第一位进士何思钧在考中进士之后，甚至还曾经担任老师，而且对学生管理严格，让何氏书塾的名字享誉京城，以至于“江南名士入京求为弟子师者，莫不知有何氏书塾”。

据《何氏祖谱》记载：“灵石何氏以师礼，延请授业者，太古广文何君思明之子若孙也，广文尊师重道，虽富不骄，今虽已故，诸子尚能守其家法。”何思钧与何思明是兄弟二人，可见何氏家族有着尊师重教的家风。在清代，大部分地区的读书人都很受尊重，家长对老师也十分信任，老师对学生的管理权和教育权很少受到质疑。教师承担的义务较少，而享有的尊重和权力较多。

在清代，家长对老师们也十分照顾。很多情况下，老师可能没有足够的房屋，于是便在某一个学生家里上学。许多家长每天都亲自为老师沏好茶，放在讲桌上，自己才出门去干活。在各类节假日，老师们都能收到家长赠送的礼物，这是老师最重要的收入之一，也不会因为收取礼物而认为是不道德的。当时的教育资源不是真正意义上的公共资源，政府财政收入非常少，不及今天财政收入的千分之一，所以政府基本不担负针对底层教育投入的任务。

在一些文学作品中，比如蒲松龄的作品中，有不少从消极悲观的角度针对塾师的描述，认为塾师的生活状况非常悲惨。实际上，文学作品毕竟是高于生活的，总难免有夸大某种情绪或者某个情节的地方，民间对某个角色的看法往往“三人成虎”，让后世对底层社会一些问题的看法变得失真。

当然，在底层社会，因为物质资源的稀缺，人们都要考虑生活问题，阴暗的一面在任何一个群体中都难免会存在，但是从一些真实的回忆录中可以看到，大部分家族都能做到礼貌待人，大部分老师也能基本做到爱岗敬业。

总的来说，何氏家族在物质条件上比较优裕，但是仍将“虽富不骄”作为基本的家风，代代相传。

第二节 读经书 千钟粟

族学只面向何氏宗族内的人，除族学外，何氏家族还设立了义学。义学像族学一样不收费，或者只是象征性地收一点儿费用，不同的是，义学向所有贫寒子弟开放，主要供本地的贫寒子弟前来读书。《何氏族谱》指出，何氏家族的何龙腾看到“里人贫之者，子弟多不能读书”，于是“立义学，出修脯，择师教之，自此邑人多成才者”。义学的维持需要资金，何龙腾的儿子何思明，对义学“增益修脯，使无废坠”，也为义学的维持做出了贡献。

《灵石县志》中提到了灵石有多处义学。这些义学是中国社会最底层的教育机构，不像国子监那样高高在上，甚至也不像书院那样培养的是高级人才，有些义学甚至只存在了很短的时间，很多义学除了名字、地点外，什么也没有留下。

当然，除族学、义学和收费的普通私塾这些层次较低的教育机构外，在县一级的地区之内，还有书院，大致相当于本地的高等教育机构。在当时，几乎每个县都有一所或者几所书院，即使所在地区经济再落后也不例外。

清代灵石县也有几所书院，比如灵石书院、竹林书院、龙吟书院等。很多书院在运行过程中就像今天西方的私立大学一样，依靠捐款办学，几乎没有国家财政支持，支持书院运转的资金主要来自私人捐助的学田。书院一般也都不向学生收费，而且大都发给学生生活补贴。但是书院所需的费用巨大，创办和维系书院运行的往往不是一人一家，而是一代代本地士绅和热心的人不断捐资。

对于普通学生来说，书院当然是本地高级教育机构，并不是每个人都能到书院去读书。进入书院也像进入今天的大学一样，需要参加入学考试。很多情况下，考进书院的难度比考中秀才还难，甚至有的书院明文规定，只招收秀才及以上功名的人。所以如果没有考中秀才，一般没有机会到书院读书。

相对于广大普通学生来说，秀才毕竟是少数。所以，对于大多数学生来说，最常见的读书之地还是村庄附近的私塾。私塾依靠学费维持，办学手段灵活，只要有老师、有房屋、有简单的桌椅板凳即可。私塾招收学生的人数和年龄没有严格限制。有四五个学生，私塾就算开办了。如果没有学生了，私塾随时可以停办。

族学和义学不像私塾那样广泛，但是因为不收费，所以维持族学和义学的运行也并不容易。相比之下，书院是一个地区文化教育最高水平的代表，捐资助学的人也往往希望捐给书院，书院中培养的毕竟是本地的高级人才。这些优秀人才受恩于捐资之人，将来有能力以不同的形式做出回报。所以捐资给书院带给捐资者的荣誉和隐形的好处多，甚至也会给捐资者所在的家族、捐资者的后代带来好处。

相比之下，族学和义学往往缺少足够的资助，办起来很难。何氏家族的族学和义学维持了很长时间，这当然与何氏家族本身的贡献有密切的关系。在当时，何氏家族所办族学的经费问题的解决，并不是依赖家族后代中的有钱人，也就是说，何氏族学并不是到了某一代由办学的人出面向有钱的何氏成员要钱，而是依靠类似于学田这样的形式来维持的。若直接向某人要钱，即使这个人有钱，也往往会导致家族利益纷争，并不是一种可取的制度。相比之下，学田就是一种很好的制度。

很久以来，中国的土地虽然名义上是私有的，但是有一大部分土地事实上是"集体所有"的，既不属于国家，也不属于个人。在清代，"集体所有"土地的名目很多，多到不可思议。根据记载，这些在属性上不是个人所有的土地包括祭田、族田、蒸尝田、社田、祠田、庙租田、膏火田、贑田、书灯田、宾兴田、香油田、公役田、轮班田、桥田、渡田、会田、社田等。从名称上便可以看到，这些土地不是属于个人所有，而是为某个特定的群体共同所有，这些"集体所有"的土地实际上都是某种专用土地，其中便包括了专门用于教育的学田。

当时，不管是什么性质的土地，都是可以自由流转和出租的。于是，一块土地可以通过出租获得租金，一亩土地一年的租金大约有一两银子。如果这块土地被规定是祭田，那么所获得的租金就必须用在祭祀的事务上。族学和义学依靠的正是这类"专用"的集体土地来维持的。

这些“集体土地”大都由捐赠而来。一些热心人捐出土地之后，由本地的民间组织出面负责管理，主持实际事务的多是拥有良好的道德信誉的读书人或者出名的老实人。其中与族学直接相关的“集体土地”称为族田。这些专用“集体土地”的存在可以免去学生的学费。上述提到的膏火田、黉田则是用作学生的生活费和考试费。

开办一个族学，房屋租金可能不像今天这样高。有时候，家族内的公共房屋也经常作为族学的教室。所以，教师工资是最主要的开支。只要有几十亩土地，一个族学就可以勉强运行了。在很大程度上，这种模式与今天的专项公益基金有些类似。

一般情况下，教师的工资要比普通农民的工资高一些，对于没有秀才名分的老师，大多每年十多两银子到三四十两银子。如果聘请的老师有秀才功名，有时候可以达到五十两银子，甚至更多。一般来说，北方的普通农民几口人一年的种地收入有十多两银子。当然，这些数字只是一个大概的数，不同的年份、不同的情况可能有所不同。开办族学和义学，除了老师的工资，还要向老师送一定的礼物，有时候礼物本身就是一些银子。

在清代，有很多人捐资给义学和书院，尤其是后者的资金总数额非常大。今天的中国人常常羡慕外国的“大资本家”们总是倾囊捐助，有些人认为捐资的可能只是“资本主义”社会的风气，有人甚至认为这样的风气背后可能是遗产税或者其他税收制度的影响。其实中国古代也有很好的捐资兴办公益的风气，清代的中国并没有遗产税、财产税、房产税等，但是照样有很多人动辄捐出巨额资金用于教育和其他公益事业。一些地方志连篇累牍地记载了捐赠者的名字和捐资的数量。在一些县里，一个人有时候一次就捐出数万两银子。属于某个书院所有的学田数量，随着捐资的增加不断增加。

在今天，义务教育阶段的学校主要依靠政府财政的投入，实际上主要是依靠地方财政的投入，财政自然来自税收。在清朝则完全是另外一种情况，受到“轻徭薄赋”财政观的影响，只有中央政府有数量有限的财政收入，各级地方政府，即使是省级政府，也没有正式的财政收入，府、县政府更是人丁寡弱，根本无法担负现代政府所担负的像教育、医疗、基础设施建设这样的公共服务。所以，当时的教育主要由民间力量担负。

相比之下，私塾是社会底层教育最重要的形式。族学毕竟只面向本家族的子弟，而且只有大家族才会设立族学，只是承担了一个地区初级教育的很少一部分，也只是对设立族学家族的后代有影响。这样，有族学的家族，在读书、参加科举考试的道路上就可以获得竞争优势。何氏家族在科举考试上的优势与其族学的设立关系密切。

第三节 受教诲 不相误

在清代，影响科举成败的因素有很多，老百姓认为要想在科举考试上有所斩获，需要“一名二运三风水，四积阴德五读书”。族学在其中发挥的功能是，以“托底”的方式完成了考生的最初筛选。这可以帮助何氏家族选拔出最适合参加科举考试的人，帮助最适合的人走上最适合的道路，获得科举的成功。

族学和义学毕竟只是最初阶段的教育机构。何氏家族的族学和义学只是针对最初接受教育的学生。一般情况下，学生在族学和义学里，是从识字开始，逐渐背诵“四书”“五经”，并且开笔写一点很简短的应用文。在达到一定程度之后，学生便会离开族学和义学，选择到更有名气的学校中继续学习。

族学的识字课本有时候选择《三字经》《百家姓》《千字文》这样的书，有时候直接选用《论语》《孟子》。也就是说，学生根本没有机会像今天这样，先学习拼音，再从“人、口、手”等最简单、最常用的汉字一个个学起，而是直接在一篇文章中，用囫囵吞枣的方式，学习所有这篇文章涉及的字。与今天的学生相比，当时刚开始学生的学习强度就很大，压力也很大。

清代学生读书的过程是一种类似于今天的道尔顿式的方式，不是简单的集体教学。不同的是，清代的老师很少给学生讲解书中的内容。在最初阶段，学生是在还不能认识书中的大多数字的时候，就开始直接全文背诵。第一天读书、背诵，第二天上课的时候，老师就检查学生是否已经能够背诵。如果能够背诵了，就接下来再背新的内容。等到学生背诵的内容已经不少了，老师就会叫学生“照葫芦画瓢”般地默写出已经背诵过的字。

现在经常说的“上学”一词在当时并不是指“到学校去”，“上”在当时是指学习新内容。所谓“学习新内容”，其具体过程就是老师带着学生读几遍。在这时候，学生要赶紧记住每个字的读法，但是往往很快就会忘记。如果忘记了，只好问一问周围聪明的学生，或者找老师再问。如果老师检查背诵一直背不过，学生就要接受体罚了。所以，在整个学习的过程中，学生一直处在压力比较大的状态中，尤其对于那些学习态度端正但天分又不高的学生来说，更是如此。

有时候，老师也会教学生练习书法，因为标准的楷体书法是科举考试的基本要求。有时候，老师们也会教学生写诗，因为各级科举考试也有诗题。

在清代，也有一些教育论著提出一些教学的原则和方法，比如教学应该循序渐进，应该尊重学生的年龄特点等，但其实大多数老师都不注意，也不在意这些理论。当时的整个社会就是将“保守不变”作为最正当的事这样一种风气，不像今天这样，将“教育改革”作为具有正当性的理念。

不同的学生毕竟有不同的天赋，在这样的教学方法下，很多学生的发展受到影响，大部分学生永远也学不会写一手漂亮的八股文。不过，总有一部分学生被发现能够长篇背诵“四书”“五经”，对于写文章有足够的天赋，这样的学生则适合参加科举考试。当然，适合参加科举考试仅意味着在某种能力上比较优秀，并不意味着全部能力都优秀。就像今天不是每个人都适合做学术、做理论研究一样。每个孩子都有各自的天性，不同的孩子可能适合做不同的事，不是每个孩子都适合参加科举考试。

族学正是起这样的作用。在何氏的大家族中，每一代都有这么多孩子，到底哪个孩子适合考科举呢？族学至少能帮助何氏家族完成初步的筛选。在读书之前，谁也无法预料每个孩子的未来。只有读书之后，在读书、写作的过程中才能逐渐发现。

清代的人也懂得，不是每个孩子都适合读“四书”“五经”，适合参加科举考试。毕竟完整地背诵“四书”“五经”，还要学会写作，这是很难的事情，但是所有的孩子至少都要尝试一下，对于不适合的孩子，要根据孩子的天分和身体条件选择一份适合的职业就可以了。

如果没有族学，许多孩子会因为经济条件而根本不再上学，毕竟即使同样属于何氏，但是整个宗族内，不同家族之间，物质条件可能相差很大。“茅屋出公卿”的现象曾经被数千年的历史所证实。否则，如果天资优异的孩子必然从富贵之家出现，天资蠢笨的孩子必然从下贱之家出现，那么富贵之家将永保富贵，而贫困之家则永远贫困，人类历史将会变得无比乏味。在某种程度上，也就不需要讨论社会公正的问题了。

对于那些不适合参加科举考试的子弟来说，在高强度的学习之下，至少学会了认字。不仅如此，这部分人也知道自己不适合读书，长大之后往往对读书人产生一种崇敬感。

科举考试在清代被认为是一个公正的制度。其公正性不仅表现在制度设计与监督完善上，而且还表现在内容设计上。单从公正性而言，如果考试内容与个人生活经验的关系十分紧密，那么出身地位较高、生活经历比较丰富的考生与生活在偏远地区的考生相比，就会更具有优势。这对于生活在偏远地区的考生而言就是某种意义上的不公平。或者如果考题的内容过多涉及到了城市生活或者现代科技生活，对于接触城市生活较少的考生而言就是某种意义上的不公正。

为了追求公正，对于一个完全没有接触过相应内容的考生，就应该降低标准；对于来自偏远山区的考生，就应该给予照顾。或者在考试内容设计上，应该尽量避免因为出身、物质条件等原因造成的考生之间的差异。在这一点上，科举考试做得相对比较成功，尽管绝对的公正永远都达不到，但是科举考试选择以“四书”“五经”等古典著作为全部考试内容的考试设计，希望考生“代圣贤立言”，考题以古典写作为主，这种考试内容对于考试的公正性具有重要意义。在这样的考试方式下，考生所需要用到的资料统一、固定，而且很少，且长期不变，考生不会因为消息闭塞受到影响。“四书”“五经”的背诵和古典写作需要比较高的天分，但却不需要太多的外在条件。在掌握了基本方法之后，写作水平的提高主要靠练习。考题的范围主要是“四书”“五经”，“四书”“五经”里的每一句话都有可能是考试题目，但没有固定的答案，那么考生在在复习的时候只需要一张纸、一段墨、一支笔，并不断练习写作就足够了。

所以，何氏家族的族学虽然只是帮助何氏的后代完成最初阶段的学习，但是意义尤其重大。一个有足够天分的考生在族学中完成了最基本的学习，这是接下来参加科举考试的重要前提。

此外，族学是家族的荣耀，对于一个家族的后代形成家族内部的集体认可具有重要的价值。比如在《红楼梦》里，家境富裕的荣国府并没有因为贾氏族学的管理混乱而给贾宝玉“开小灶”，尽管贾宝玉家里可能根本不会在乎这点钱。由此可以想见，在当时，族学对于一个家族来说是非常重要的，拥有族学的家族大多以此作为一件很自豪的事情。

在很多年后的今天，族学已经成为历史了，但是曾经存在过的族学的价值仍旧值得反思。比如在今天看来，族学可以帮助一个人更好地完成从“家庭的人”到“社会的人”的过渡。今天的孩子在很小的时候便要从一个小家庭直接进入完全陌生的幼儿园或者小学中，这种突然之间的变化让许多孩子不适应。虽然时间能够帮助每一个人淘汰“不适”的回忆，但是幼年时对环境的不适应，必然会在单纯、简单的灵魂中留下些许阴暗与恐惧的影子。

当然，族学也会将一个人的生活范围限制在很小的范围内，但是族学只是一个人成长路上接受教育的最初阶段。如果有族学的存在，孩子们从一个小家庭中走出来，接下来进入一个大家庭中，周围都是叔叔、伯伯的孩子，这样，孩子们对陌生环境的恐惧感便会减小很多，这对于孩子心灵的健康会有莫大的好处。

教育的多元化符合人类社会发展的必然需求。如果所有学生都要用几乎完全相同的方法，接受几乎完全相同的内容，也需要达到几乎完全相同的标准。这实际上是对人的个性化追求的破坏。

所以，族学的消失在某种意义上也许是中国文化的损失。对于家族来说，族学的存在对于家族性格、家族生活传统、家族道德风气的培养，对于一个人家族归属感的形成也具有非常重要的意义。

第五章

何氏的宗祠与坟茔

宗祠和坟茔是家族存在和发挥作用的重要象征。宗祠是供奉家族祖先的地方，而坟茔则是埋葬家族祖先的地方。在一般情况下，坟茔所在地远离日常生活的活动范围，家族后代只在清明等特殊的日子到坟茔所在地举行祭拜，而宗祠则多是处在日常生活范围内，不仅担负着供奉和纪念祖先的职责，而且担负着维护家族规范、增进家族团结的任务。何氏家族的宗祠和坟茔也发挥着上述的这些作用。几百年来，何氏宗祠和坟茔的变迁也与何氏家族，乃至中国社会的剧烈变迁交融在一起。

第一节　数百年　一朝覆

《何氏族谱》中的“何氏家训”一共有八个部分，分别是“崇祀典，修茔域，绍祖德，慎贻谋，肃闺范，睦宗族，敦诗书，端品行”。“崇祀典”，也就是重视祭祀祖先的活动，这被族谱的编写者看作何氏家族后代应该放在第一位的事情。

在古代中国，大家族专门用来祭祀祖先的场所是宗祠。灵石何氏也修建了自己的宗祠用于祭祀祖先。在实际社会生活中，宗祠则是家族内最重要的公共活动空间。古代的祠堂有很多种，有属于国家的祠堂叫作昭忠祠，用来祭祀为国做出贡献的先贤；有属于个人的祠堂，名称不一，用来祭祀某个值得后世尊重的人；有属于家族的祠堂，叫作宗祠。当然，不同的宗族为各自的宗祠起了不同的名字，比如有的叫敦本堂，有的叫思孝堂。在近代电影、小说等文艺作品中，祠堂经常作为一种文化符号出现，这正是因为祠堂建筑在地方社会文化中的位置非常重要，在古代就已经是

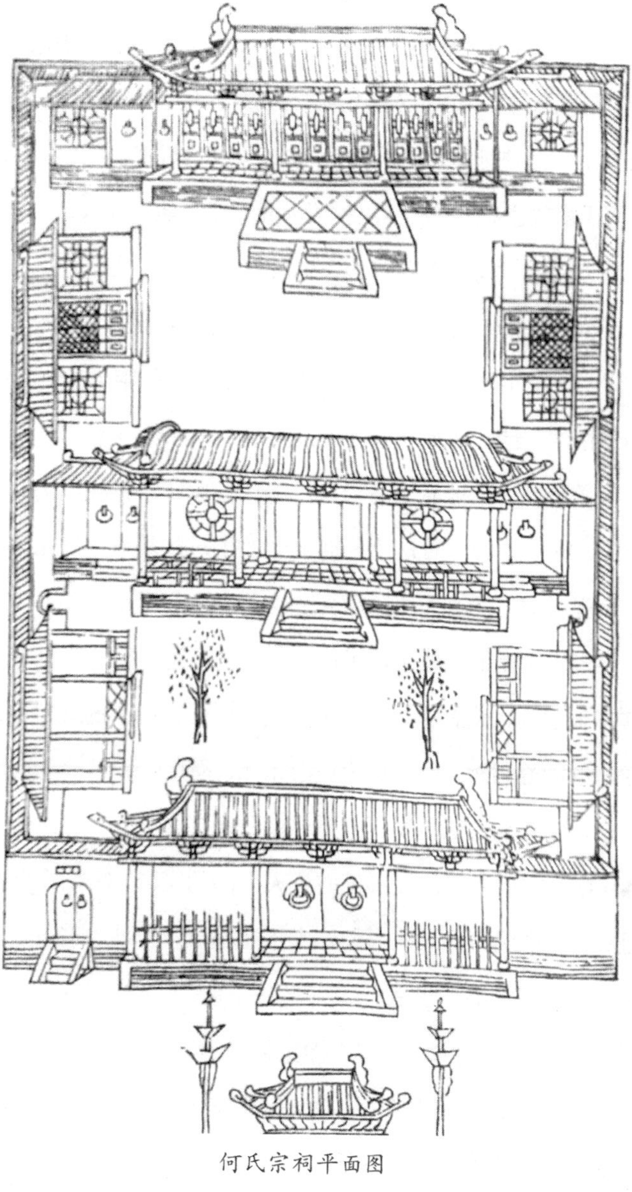

何氏宗祠平面图

地方文化的象征了。

现有记载中，何氏家族的宗祠是由何氏第十一世祖何思温倡议建造的。何思温是何氏家族第一位进士何思钧的哥哥。何思温为了建设宗祠，自己率先捐出了一块地基，何氏家族内的其他人共同筹资，作为后续建造的开支。何氏宗祠于乾隆三十六年（1771年）二月建造完成。

在今天，祠堂与大多数人的个人生活似乎已经离得很远。许多祠堂在近代以来屡次发生的文化破坏活动中消失，仅存的一些祠堂在一些地区变成了旅游景点。决定一个人能否走进某个祠堂参观的唯一条件，便是该祠堂或所在景区的门票。一个与该宗祠毫无血缘关系的外来人，走进这所宗祠参观，或者只是简单地看一看与自己居住的房屋不甚相同的、有点“异样”的建筑，或者是看一看这个家族曾经发生过的故事，仅此而已，参观的内容与参观者的生活有不小的距离。祠堂曾经发挥过的真实功能再也不可能影响到进入祠堂的人的生活了。

祠堂本来远离世俗社会，是一个安放已经去世的人的牌位的地方，内部环境建造的幽静肃穆，一旦成为旅游景点，便意味着进入了熙熙攘攘的世俗喧闹中，当然也无法再发挥其本来的价值了。中国古人讲究“入土为安”，尚且存世的后人与已经去世的先人之间的交流，只能在符合仪式的情况下进行。一般情况下，故去的先人不能被反复打扰，这当然也是为了尚存世的后人能够清静地生活。

不过，在某种意义上，宗祠也确实最适合成为一个家族的微型博物馆。如果一种文化已经慢慢消失，而且这种文化消失得有些不明不白，但是或者还能够对后人有所启示的话，假如有能力，后人总要想办法在局部恢复一些曾经存在过的文化片段，以便让“后人的后人”能够更直观地感受到自己的祖先，在这片土地上曾经有用的生活方式。宗祠是在当代社会恢复古代家族生活片段的好地方。

宗祠本身只是一个建筑物，只是其功能有些特殊，其中供奉着已经去世祖先的牌位。古代伦理与现代有些不同，在当时的一般人看来，祖先的价值高过后代，哪怕祖先已经去世也是如此。这似乎因为每个人都会老，尊重祖先其实就是尊重未来的自己。所以，一个家族有时候会倾其所有来建设宗祠，于是，供奉着祖先灵位的宗祠成为中国民间传统建筑中的精华作品。

就像其他很多大家族的宗祠一样，何氏宗祠是一个完整的院落，宗祠周围建有完整的围墙。不过何氏宗祠并没有保留至今，在“文化大革命”时期被拆毁，之后在其地基上修建了现在的小学。

从《何氏族谱》上的记载可以看到，何氏宗祠有两重门，进入何氏宗祠的大门后，首先是一个院子，院落两侧建有房屋，院中种有树木。穿过院落，走进二门之后，进入第二个院子才能看到供奉着祖先牌位的大殿。第二个院子两侧也修建有房屋，第二个院子比第一个院子要大一些。在宗祠大门外，也就是在围墙外，还有一个小的广场，广场外正对着大门建有“影壁”。整个建筑除在大门一侧修建了一个侧门外，基本呈对称格局。

其中，大殿是安放祖宗牌位的地方，是宗祠建筑的核心，建设的也最“豪华”。家族内举行祭祀活动就在大殿内，以祖宗牌位为祭拜对象。祖宗牌位是中国文化中的一大特色。家族后代会为逝去的祖先每人制作一个木制牌位，在牌位上写着“某某之神位”，有的牌位还会写上生卒年。小小的木牌，在中国古人的心中有无比重要的地位。在后代人眼里，安放在宗祠中的祖宗牌位，就是逝去祖先永恒存在的象征，其重要性甚至高于坟茔。或者按照灵魂不灭的说法，祖宗牌位就是祖先灵魂的依托之地。在某种意义上，祖宗牌位也是护佑一家人的神主。

根据《朱子家礼》的规定，祖宗牌位要按照顺序摆放在大殿内的桌子上。辈分最高、年代最遥远的牌位安放在位置最高、最靠后的正中间，后代子孙按照辈分的先后顺序排列在两旁。由于家族不断传承，为了防止辈分的混乱，祖先牌位的排列要遵循“昭穆制度”。一般来说，第一世祖先称为“昭”，第二世祖先称为“穆”，之后的祖先按照世代排序，凡单数世称为“昭”，双数世称为“穆”。进一步，长辈相对于晚辈称为“昭”，兄长相对于弟弟称为“昭”，反过来则称为“穆”。

在最早的时候，“昭穆制度”本来是为了防止不同代之间出现通婚，以至于造成血缘上的混乱而形成的，后来则成了中国宗族制度的一部分。“昭穆制度”尤其体现在祖先牌位的排放顺序中。每一代都不止有一个人，人数一多，孰先孰后，孰长孰幼，极容易造成混乱，所以“昭穆制度”能够帮助后代人清晰地划分祖先的辈份和顺序。祖先们按照顺序排列在一起，在后代看来，这些亲人虽然已经去世，但是其灵魂则仍旧在一起，仍旧是一个家族。

宗祠需要一定的资金维持。一方面，宗祠内定期举行的祭祀活动需要一些资金；另一方面，宗祠作为一种建筑，本身的维护也需要一定的资金。何思温在修建何氏宗祠之初，便希望后代能够“随时葺理，无致倾塌，不忘当年创始之意”。何氏宗祠的资金筹措主要依靠家族内分摊和捐助两种途径。

根据《何氏祖谱》的记载，何思温的兄弟何思明、何思均曾经为宗祠捐资作为祭祀费用，“祠堂四时祭祀，费无所出，众谋口率出泉，公独先数百金”。所谓的“口率出泉”，就是按照人口比例收取费用，“口”指人口，“泉”是钱币的意思。在当时，除这样的途径外，还有家族内设立“祭田”作为祭祀活动固定的资金来源。

在这样的基础上，何氏家族的宗祠一直得到有效的维护。

何氏宗祠作为一个建筑，最大的特点是拥有功能完整的院落布局。两重院子加上围墙外的小型广场，为家族内的集体活动提供了足够的户外空间。作为公共活动的辅助用房，宗祠内两重院子的两侧也各建有厢房。这些房屋可以用作遗书、衣物、祭祀器物的储存地，也可以用作祭祀活动的祭品准备地，保证供奉祖先牌位的地方整齐清洁，没有杂物，保证祭祀活动有序地进行，也可以用作其他活动的保障房屋。

很多家族的宗祠建设得非常精美，浓缩了一个家族对建筑艺术的最高追求。正因为这样，在社会制度剧烈变化的时代，宗祠也有了更多的“利用价值”，其遭遇可以说是近代中国历史的缩影。

何氏宗祠是被拆掉之后在原址上重新盖起学校的，在当时看来，何氏宗祠已经没有任何价值，只有其所在的土地还有一点儿价值。何氏宗祠之外的很多宗祠则没有拆除就直接变成了新式学堂。学校固然重要，若要建设新学校，单从物质来源的角度考虑，祠堂确实是很好的场所。甚至说，有了一座祠堂，一所新式学堂立马就有了。教室、操场，各类用房一应俱全。

建设新社会离不开物质资料，宗祠总是在种种借口之下遭到破坏。比如宗祠在兵荒马乱的近代时期也经常用作军队的办公场所，即使当代官方的教科书中也经常毫不避讳地提到，某某著名将领在某地驻扎时，以某宗祠为指挥部，在某宗祠内召开重要会议等等。

这样做的结果是，一个家族数百年间积累下的制度、文化，乃至物质财富便毁于一旦。宗祠承载了家族的精神寄托，作为一个建筑，往往也保留着家族的物质财富。在明清时期，宗祠往往是宣传和执行家范、家规的场所，所以一个家族的家范、家规也离不开宗祠。宗祠遭到破坏，在本质上也是家族遭到破坏，进而是古代社会结构“牵一发而动全身”式地遭到破坏。

从社会文明发展的角度来说，拆掉宗祠、将宗祠变成学校、将宗祠变成军队办公场所的行为是一种野蛮的行为。任何一种社会模式，如果仍自称为是文明的，那么就至少不应该将破坏其他种文明作为实现自身文明的前提。现代教育的兴办自然应该按照现代教育发展的模式来。建设新式学校，哪怕有任何借口，都不应破坏曾经作为家族文化精神象征的宗祠。军队驻扎之地的建设，也至少不应该以直接破坏普通百姓的物质资料为前提。尤其在现代文明中，军队即使在战时，也应该是刻意远离普通百姓的生活的。

第二节　崇祭祀　追远祖

据记载，何氏祠堂建成之后，家族成员会定期举行祭祀仪式，“长幼毕集，衣冠济济，罔不恭谨”。祭祀祖先是何氏宗祠最重要的功能。按照习俗，祭祀祖先的日子往往选择在每个月的开头或结束时。此外，一些节日，比如清明、端阳、仲秋、重九、七月十五、十月十三日、冬至、除夕、元旦、元宵等也举行祭祀祖先的活动。

《何氏族谱》记载：“奉先思孝，凡前人一言一行，有可为法者，均宜铭佩，况祖宗功德，遗泽孔长，谁与为其后者，甘漠然忘之。”中国人认为“慎终追远，民德归厚矣”，祭祀的功能在于教化后代，中国人并不十分在意人死后灵魂是否转世。在佛教进入中国之前，中国人就开始进行家族祭祀活动了。尽管出于对家族力量过于强大的防备，明代政府曾一度禁止家族修建宗祠，但是最后仍旧放开了限制，而清代的宗祠遍布各地。

祭祀已经逝去的、遥远的祖宗，固然是出于对祖宗的尊重，但是其中最重要的前提是，每一个人最后都会死。尊重已经逝去的祖先，如果可以成为习俗，那么实际上也就是尊重自己。让自己的祖先获得尊严，也是让自己获得尊严。

在传统时代的中国人看来，一方面，祖宗被看作是人的根本，就像天是万物的根本一样，人所传的家、所守的业，都是祖宗开创的；家业的世泽绵长，也是祖宗积累功德所致。所以，祭祀祖宗，首先为了回报祖宗的功德。另一方面，通过祭祀祖宗，可以起到饮水思源的作用，可以提醒族人，不要忘了大家都是同出一祖，每一个人的身体里都流淌着祖宗的血液，有着同一祖先的基因。建祠堂、立家庙，作为敬祖尊宗的具体体现，与其说是为了已经死去了的祖先，毋宁说是为了活着的族众；与其说是为了过去，毋宁说是为了现在；与其说是为了祖先魂灵的安妥，毋宁说是为了现实的联宗睦族。

尊重、祭祀祖先，除了拥有教化上的意义，还意味着将祖先的灵魂作为永恒存在。这拥有道德上的意义，可以让一个人严肃地对待生与死的问题，可以让普通人，哪怕没有文化的人，懂得自己也会死，并且反思自己平日的所作所为。

当然，作为仪式的祭祀活动强化了家族内相互关系的认同度。一些本来已经比较疏远的同宗之人，通过共同祭祀活动，会变得更加亲近。

在祠堂里祭祀祖先有明确的规矩，在举行祭祀活动的前一天，家族的成员要做一些生活上的准备，不喝酒、不吃荤，男女分开就寝。家族内派出代表前往宗祠内将各处打扫干净，并且检查修理一下祭祀用具，准备好祭祀用的香烛、祭品等。

举行祭祀仪式的这天早上，家族成员一大早来到宗祠门外，打开大门，将一直悬挂着的、用于遮盖祖先牌位的帘子卷起来。这样，从大殿外边就能远远看到排位了。首先在供奉牌位的几张桌子上各摆放一大盘时令水果、一套茶具、一套酒具。

家族内的成员全都穿上最正式的衣服，按照辈分、年龄的顺序排好队。辈分和年龄最长的人作为祭祀活动的首领。在祭祀活动中，除首领外，还有负责协调全体成员行动节奏的“赞仪”。赞仪需要在每一项活动开始前后，高喊“行香”“跪”“拜”“兴”等；负责协助祭祀首领的“执事”，需要做的事情也较多。

这些在祭祀活动中发挥较大作用的人，也是在平日生活中有较大威望的人。一般情况下，家族内有科举功名的人会担任祭祀的执事等职位，这对于家庭来说也是一种荣耀。

祭祀活动正式开始之前，全体成员要逐次净手。

祭祀活动的第一步是“降神”，也就是让还没有到场的祖先的神灵到场接受祭拜。具体的做法是，祭祀首领点燃一炷香，上前插在祖宗牌位前桌子上的香炉中，执事从酒壶中将酒倒入酒杯中，祭祀首领接过来，口诵“供奉先祖受祭”之类的话，并将酒洒在地上。

接下来是正式的祭祀。首先是祭祀的首领朗诵祭文。一般情况下，祭文都有固定的模板，其内容以宣扬祖宗的恩德，强调后代应该尊奉祖先的传统为主要价值取向。接下来，祭祀的首领按照赞仪的口令，再次上香，将酒再一次奉送给祖先，并率领全体成员行礼，全体下跪，三叩首。这一般称作“初献”。“初献”之后，还要由家族内其他重要人物继续重复

“初献”的活动，称为“亚献”“终献”。

“初献”“亚献”“终献”活动结束之后，还有“送神”，也就是将祖先的神灵送走，然后将祭祀中的玉帛等物品焚烧掉，所有参与祭祀的人员向正在焚烧的玉帛行注目礼。最后全体成员三鞠躬，退场。祭祀活动结束。

上述所讲是节令普通祭祀，在一些情况下还有专门的祭祀活动。比如本家族内的人考中了功名、获得了升官等，有时候也会举行祭祀仪式。

在家族祭祀活动中，很明显的地方是，长幼辈分之间的差别得到强化。古代对平等这一观念关注不多，在古人看来，一个白发苍苍的老者所拥有的人生经验和身体状况，与一个血气方刚的年轻人具有绝对的差异；不同年龄的人创造物质财富的能力、所需要的物质照顾，也是完全不一样的，所以对人生的看法也不同。以“差异”为基础，以各自的优势和条件为前提，是家族治理的根本前提。

第三节　约道德　立制度

何氏家族重视后代道德的培养。《何氏族谱》记载：“教子弟如陪幼芽，须自幼训诲，使温柔忠厚，恭谨端方，泛爱同人，尊敬长上，一言一动，必有规矩。”宗祠也能发挥这方面的功能。

宗祠对于一个家族来说非常重要，因为往往并不只是举行祭祀活动，而且兼有家族内部管理的功能。在宗祠内举行的祭祀活动，其仪式的意义大于实际的意义。如果宗祠只是举行祭祀活动，也就不必修建得那么“豪华”，也不必修建许多院子和各类功能不同的房屋了。

在宗祠内，除祭祀活动外，还经常会举行祭祀祖先之外的处理家族事务的活动。在何氏宗祠用于安放祖先牌位的大殿之前，有一处与教室中讲台类似，但是比讲台要大得多的台子。可以很清楚地看到，这个台子的用途类似于讲台，而不是用于祭祀活动的。家族中长者或者管理者站在台子上，背向列祖列宗的牌位，面向站在院子中的家族成员进行训话，或者宣布某项决定，这是常有的事。

所以，严格说来何氏宗祠不仅是一处建筑，而且是一个机构。对于一个家族来说，宗祠不仅有宗教意义上的祭祀祖先的功能，而且还有现实意义上的家族事务管理功能和道德约束功能。如果家族就是一个国家，那么宗祠可以说兼有了各类神坛和政府机构的功能。在道德约束力上，宗祠的功能甚至超过这些机构。

一些家族规定，家族的成员有义务参与宗祠的活动，否则就以家族的名义进行罚款。在一个家族内，家族成员之间由于血缘关系，在生活习惯上可能会自然形成一些共同的做法，但是在一些需要人为做出规范的方面，则需要家族管理制度发挥作用才能有效果，这主要是指道德品质方面。

在道德上对家族成员形成约束，这是一个家族家风形成的关键因素。这主要表现在，宗祠的管理者通过一些道德上的规定，以自身价值的需要为前提形成对与错的标准，要求家族成员按照这一标准来执行。祠堂的管理者负责纠正的所谓的“错误”主要是以下几类：

第一，限制个人的所谓的“自由”，要求个人在行为上节制。比如不能喝酒或者不能过度喝酒；在任何情况下，都不能偷懒，要踏实、勤奋地工作；节制自己的言语，不能辱骂别人；等等。

第二，维系家族内所谓的“不平等”。比如要尊敬长者，这往往意味着包括父母在内所有长者，在后代面前都享有人格上“高人一等”的优待；要关爱幼者，帮助幼者成长是家族每个人的责任；同时，要和气地对待兄弟，不能侮辱兄弟；等等。

第三，对于家族外部，不能无端生事，不能因为自己一时的愤怒或者依仗家族的势力欺负弱寡者等。

《何氏族谱》记载："贫富相耀，强弱相逼，或以少凌长，或以势暴孤，致起争竞，遂成水火。"这些要求都是道德方面的内容，无一涉及"刑事"问题。

宗祠的管理者用来处理犯了上述错误的人的方法，也值得关注。因为祠堂所属的成员都是有或亲或疏的血缘关系的，所有人不仅相互认识，而且家族内的关系是一个人最重要的社会关系。一个人从小在家族中长大，受到家族的照顾，甚至死后的灵魂都由家族来安排。所以家族可以说是牢牢控制着家族成员的一生。

在这种情况下，作为家族管理机构的宗祠，只需要通过"给予荣誉""剥夺荣誉"的方式就能让道德约束发挥作用。在一些电影、电视、文学作品中，宗祠中体罚人的现象时有出现，其实这样的现象非常少。在古代社会里，在一般家族里，宗祠或者家族的管理者很少动用暴力手段。

任何一个人都难免犯错误，尤其是道德上的问题，涉及的因素更是复杂。如何对待犯错误的人，这也始终是难题。在处理方式上，要么以恶止恶，比如对于犯错误的人，给予与所犯错误对等的惩罚。在道德问题上，其实这样做并不能带来什么实质性效果。因为对犯错之人给予的惩罚，本身也是一种"加害于人"的行为，这不能说就没有任何邪恶或者错误的成分。以错止错，以恶止恶，以暴止暴，冤冤相报，这并不是最理想的处理问题的方式。

如果不想对犯错者姑息养奸，那么在所有的惩罚方式中，剥夺其积累的道德荣誉，是最具有文明性质的惩罚。比如一个人犯下了较大的错误，一般情况下可以选择剥夺个人荣誉、监禁、劳动改造、限制自由，或者罚款、罚金等处罚方式。

祠堂发挥惩恶功能的方式便是这样。祠堂的管理者或者宗族的管理者，在一个人犯错误的时候，可以代表家族剥夺其各类荣誉资格，比如剥夺享受荣誉性补贴的资格，禁止再参与祠堂的活动，甚至威胁在其死后不允许其牌位进入祠堂享受后代的尊重。反过来，当然也有荣誉性的奖励。

由于宗祠的管理往往与家谱的撰写联系在一起，这实际上决定了一个人死后得到的评价。在知识不普及、信息传播不方便的时代，一个普通人很难不顾忌自己身后的评价。哪怕是象征性地在家谱内某人名字下面写上某月某日犯某错，这种惩罚也有很大的震慑作用。

荣誉是最简单易懂的，也是获得道德力量的最有效途径，哪怕是没有读过书的人也能很清楚地理解。如果一个人在实际生活中没有了名声，损失的不仅仅是荣誉本身，而且会有实际的物质损失，比如：没有人愿意购买其产品；没有人愿意租给其土地；没有人愿意在其遇到困难时给予借贷；等等。

道德管理自古以来是一件难事。在西方伦理学的角度，道德是个人问题，一个人愿意或者不愿意做好事，往往与别人没有关系。没有人有权力要求他人必须做出有道德的事情，甚至也没有人有权力批评他人没有道德，除非某种行为与公共利益直接相关且有明确的社会契约存在。制度设计只负责规范利益关系，不直接约束道德行为。

在中国古代的社会制度中，因为家族的力量强大，且在大多数时间里也得到政府的支持，依靠家族对个人的控制力量，很好地实现了约束个人道德行为的功能。通过这种方式，一个在两千年前就曾拥有五千万以上人口的庞大的国家，才能得以长时间稳定地运行。这在人类历史上是独有的文化传统。古希腊政治传统以小国寡民为政治理想，其政治模式无法治理大国。当今世界所有大国都是联邦制，只有中国是例外。而曾经存在过的儒家思想，可能仍旧在无形中对国家社会的稳定起着巨大的作用。

当然，家族对道德的约束往往是出于家族治理的需要，是从家族，而不完全是从个人或者全社会的角度出发的。但是无论如何，节制自身的欲望、尊敬长者等行为，都是值得永远提倡的美德，实际上也是一种文明的行为。自由永远都与节制是一体的，没有任何限制的自由是野蛮或者邪恶的。如果人人都能节制自身的行为，而尊重他人，那么整个社会自然会好起来。

在具体的层面对某种道德的特殊要求，往往就是一个家族家风的内容。何氏家族数百年来积累和传承下的诸如节制自身行为、安守本分、关爱他人、刻苦自励、生活简朴等美德，绝不是平白无故就能形成的，都离不开以家族制度为基础的道德约束。

第四节　慕先人　营坟墓

宗祠是家族内物质上的公共空间，也是家族内精神上的公共空间。对于一个家族来说，这种公共空间除宗祠外还有坟茔，只不过相比之下，埋藏着先人躯体的坟茔大部分远在村外，更神秘，更严肃，与平日的生活在空间位置上的距离也更远。而宗祠则建在村落内部，其功能在某种意义上相当于今天西方社区中的教堂位置。

在中国古代的农村里，有时候也有小型的寺庙之类的宗教场所，但是这些宗教意味浓厚的建筑并不是老百姓生活的一部分，一般人也很少到寺庙中去，宗教人员在农村生活中处于边缘化的地位。

宗祠与每个人的生活息息相关，是每个人生活的一部分，从物质上、组织上将家族的存在感带给每个人。如果没有宗祠，就缺少了一个组织集体活动的空间，也缺少了一个处理家族内事务的场所，家族就只剩下一种理念或者习俗了。所以，宗祠成了一个家族内最重要的公共活动场所。宗祠里供奉着家族后代共同的祖先，保存着一个家族长时间积累下来的公共文物、祭祀器具，以及一些象征家族权力、家族荣誉的物品。

每个人的心里都清楚，宗祠中有自己尊敬的祖先，而自己将来最终的归宿也是宗祠。所以，每个人都是宗祠的主人，宗祠也属于每个人，也是家族力量在每个人内心深处的精神空间。当然，一般情况下，本家族出生的女子往往不属于宗祠“管辖”，比如何氏家族的女子死后并不会在何氏宗祠中接受祭拜，而是在出嫁之后的夫家接受祭拜。

何氏家族重视宗祠祭祀活动，也要求后代不时修理先人的坟茔。在北方，坟茔对于一个家族来说也是重要之地。《何氏族谱》中记载：“坟墓乃祖宗体魄所藏，子孙思祖宗不可见，见所藏之处如见祖宗一般。”

在传统时代的中国，坟茔所属的一块土地属于一个家族所有。一个家族的成员死后，也按照辈分、长幼安葬在一起，不同人坟茔的位置就像宗祠中的祖宗牌位一样整齐有序。不像现在的公共墓群，可能相邻的墓穴并没有血缘关系。有些家族成员，可能生前一直在外地经商、做官，数十年都很少回家一次，但是死后却一定要回到自己出生的地方，按照家族的辈分和年龄安葬在规定好的位置，实际上算是又回到家族长辈的“身边”了。

与今天还有一些不同的是，传统时代一般都是土葬，古人认为去世的人一样拥有尊严。人死之后，尸首如果不能保全，这是一种耻辱，也是最让后代为之痛心的。火葬在中国很早就有，但是一直不是主流。可能焚烧尸体的传统是来自佛教，佛教进入中国之后，火葬才开始作为一种安葬死者的办法被中国人接受。在明清时期，政府一直禁止人们实行火葬。

在农业社会，实际上火葬成本比较低。贫苦的连自己的土地都没有的人，往往选择死后直接火葬。在《红楼梦》里，贾宝玉的丫鬟晴雯死后，被人送往“化人场”火化。在当时，只有地位低下、穷困潦倒或者犯了较严重的错误的人才可能被火葬。

古人认为，土葬使人的身体“化作春泥更护花”。土地上出产的粮食滋养人的身体，人的身体最后回到土地中，留下的有机物化成了肥料，滋养了土地，这是一种大自然往复循环的过程，是中国文化的重要组成部分。

在古代，每一个人留下的是一个坟头，也就是一个土堆。一个家族的坟茔就是一大片错落有致、长幼有序的坟头，每个坟头代表一个人。辈分最长者在最远处，同辈人年龄较大者在中间，其次者分居两侧。

为了让先人能有一个“入土为安”的地方，后人一般要寻找一个安静的地方作为坟茔。最好避免受到洪水、虫害的破坏，乃至最好能避免阴冷之地、避免众人往来之地、避免太过突兀的地方等，所以一般选择背山面水的地方。在坟茔选择上尤其有中国文化特色的是，在同等条件下，中国人一般不会选择山顶，而会选择在一个地势低一些，但又不绝对低洼的地方，往往将坟茔所在地“隐藏”在小山丘的后面。在地势上避免大风直吹，避免过于干旱，避免被很多人从很远的地方看到。

何氏家族最初的坟茔选择在两渡附近一处叫作“大涧沟”的地方。大涧沟地如其名，是一处南北走向的沟壑，背靠高山，面向汾河，左右两侧山脉连绵起伏，既不至于特别干燥，也有利于汛期排水。灵石两渡本来处在山西中南部的山里，山地多，平地少，很多地方容易受到夏秋时节洪水的影响。为了保证先人能够“入土为安”，何氏家族的成员还为坟茔修建了防水堤。

几百年来，何氏家族的坟茔只迁徙过一次。在古代中国人看来，“入土为安”是最好的，先人已经去世，就阴阳两隔，应该从此避免被打扰，也最好不要与尚存于世的人产生联系，迁徙坟墓是打扰已故的先人。

只有一些大家族的坟茔占地很大，而绝大部分普通家庭的坟茔在三代以后便没有人再管，很快就成了平地。几十年来，受到一些众所周知的因素的影响，很多人认为，坟茔的存在会导致土地总数减少，这种看法实际上很荒唐。单从微观的角度来看，有经济实力的家族，不会因为祖先的坟茔占有土地而舍不得投入资金，没有经济实力的小家庭无力支付土地开支，也不可能让祖先的坟茔保存更久。从宏观上来看，即使像何氏家族这样的人口众多的大家族，坟茔也迟早会迁徙，一些十分久远的祖先就很难再照顾到。一般家族的坟茔保存上百年已经很不容易，之后都自然废弃，重新成为可用作物质生产的土地。

在清代，由于大片的土地还没有开垦，而开垦更多土地当时是农业中最重要的任务之一，所以从当时的角度来说，古代何氏家族的坟茔不仅没有造成耕地减少，反而扩大了耕地面积。清代晚期，从外地来了一家逃荒的百姓，来到灵石两渡，住在了何氏家族的坟茔所在地，一边帮助照看坟茔，一边就在坟茔四周开荒种地。慢慢地，来到这里居住的人越来越多，耕地也越开垦越多，后来成了一处小村庄。

尽管这样，何氏家族的坟茔仍旧在一次次混乱中难逃劫运。在日军侵华期间，能够作为军事物资的坟茔四周的木材被全部砍伐，坟茔中最有价值的文物也被洗劫一空。“文化大革命”以后，何氏家族的坟茔则彻底消失，连坟茔的砖石都被拿来用作集体马棚建设了。

到底是祖先以及祖先传下的精神力量更加重要，还是用于物质生产的马棚更加重要，这也许是人类社会史上一直有争议的问题。不过，在生产力已经日趋发达，即使在农村地区，也不再缺少修建马棚这类物质生产所需的资料时，也就是当物质和精神之间的矛盾变得越来越少时，精神层面的需要必然会逐渐上升。

《何氏族谱》中的家训希望后代能够重视坟茔，按照要求定期修理坟茔，实际上也是希望后代能够坚守尊重祖先这样一种伦理观念。这种伦理观念是家族内部认同的关键力量，也是家族维系的关键力量。

第六章

何氏的家风与官风

灵石何氏视读书为家族维系与发展的灵魂，为了读书付出诸多努力，建立了族学、义学，也因坚持读书的传统而收获良多。在科举考试上获得巨大成功，在做人、做事上也形成了何氏家族的固有风格。在做官上也形成了家族自身的特点。安守本分、不图名利、奖掖后学，这是何氏家族几百年来一直传承的主要家风，也是何氏家族长久不衰的重要法宝。

第一节　考功名　官员出

何氏家族在科举考试上获得了极大的成功，所以做官的人也很多。在清代，考中举人或者进士，在理论上都可以获得做官的机会。当然，由于不同时期举人和进士人数的多寡不同，不同的人也有不同的待遇，所以虽然同样是举人，或者同样是进士，可能最终获得的职位差别迥异。这就像今天同样毕业于某一所大学，不同的学生找到的工作并不相同一样。

据学者研究，灵石何氏家族有14名文进士，28名举人，其中进士大都有过做官的经历。此外还有一名武进士，也曾经担任过官职。

清代参加科举考试之后做官的过程，以进士级别为例，简单来讲，考中进士之后，一般需要继续再参加朝考，如果比较优秀，则可以在翰林院待三年；如果朝考成绩较差，则一般可以成为中央六部下属部门的负责人，或者到各地担任知县。留在翰林院的人在三年之后还要再经过考试，如果考试成绩列优等者，一般可以获得各部比较好的职位；如果考试成绩差等者，则同样直接等待做官，一般也是各地的知县。当然，由于中国不同地区差异太大，知县与知县之间的待遇差别也是很大的。

所以一般来讲，优秀的进士留在京城做官，然后一步步上升到各部下属部门主事、员外郎乃至侍郎等；一般水平的进士可以到全国各地担任知县，然后,如果表现优秀则逐步上升到知府、道员，比如按察使、布政使，乃至各行省的巡抚、总督。当然，有时候一些人会因为暂时没有空缺而等待一段时间。

考中举人，幸运的可以获得知县的位置，不幸运的则只能到一些地方担任教育官员。当然，开始工作之后，不同人之间的差别会很大。

同治七年（1868年），何氏家族的何莱福考中进士之后，曾在公开印刷的朱卷上对自己家族的“光辉历史”进行回顾。根据何莱福的记载，在他之前，何氏家族中进士做官的共有11人，具体任职情形为：

第十一世：

胞曾叔祖何思钧，乾隆年间进士，翰林院检讨。

第十二世：

嫡堂伯叔祖何道冲(后改名何元烺)，乾隆年间进士，翰林院庶吉士，散馆吏部主事，员外郎，广西太平府知府，署左江兵备道。乾隆五十七年（1792年），顺天乡试同考官。

何道生，乾隆年间进士，曾经担任工部主事、员外郎、郎中，山东道监察御史，江西九江府知府，后来因病告退，病后又担任巡视济宁漕务，甘肃宁夏府知府。乾隆五十七年（1792年）、乾隆五十九年（1794年）、乾隆六十年（1795年）、嘉庆三年（1798年）顺天乡试同考官。

第十三世：

父亲何辉绶，嘉庆年间进士，翰林院检讨，武英殿纂修，山东道监察御史，山东莱州府知府，护理登莱青兵备道，云南鹤庆州知州，陕西耀州知州，直隶保定安州知州，直隶邢台府元城县知县，直隶丰润县知县。道光三年（1823年）会试同考官。

从堂伯叔何荣绪，嘉庆年间进士，官内阁中书、协办侍读。

何熙绩，道光年间进士，顺天府文安县知县、直隶肃宁县知县。

何炳彝，嘉庆年间进士，官兵部职方司主事。

何耿绳，道光进士，陕西褒城县知县，陕西渭南县知县，直隶定兴县知县，直隶永年县知县，顺天府大兴县知县，京县知县，直隶大名府知府，直隶保定府知府，直隶清河道，直隶大顺广兵备道。道光二十九年（1849年）陕西乡试同考官。

何耀纶，咸丰年间进士，吏部主事。

第十四世：

再从堂兄弟何福咸，道光年间进士，翰林院庶吉士，翰林院编修，国史馆、功臣馆修纂，江南道、贵州道、京畿道监察御史，兵科给事中，工科掌印给事中，甘肃甘凉、云南迤西兵备道。咸丰五年（1855年）、咸丰八年（1858年）顺天乡试同考官，工科给事中。

何莱福本人在同治七年（1868年）考中进士，之后担任翰林院编修、国史馆协修、武英殿协修。

另外，在何莱福的朱卷之后还有何玉福，也在同治年间考中进士，曾经担任刑部督捕司主事，广东司主事、员外郎，湖广道监察御史。

何福堃，光绪年间进士，翰林院庶吉士、翰林院编修、国史馆编修，广西道监察御史，甘肃按察使，护理陕甘总督。

第十五世：

何乃莹，光绪年间进士，翰林院庶吉士，工部营缮司琉璃窑监督，营缮司员外郎，内阁侍读学士，山东道监察御史，奉天府丞，顺天府尹，都察院左副都御史。

上述这些官职的名字与今天差别很大，限于篇幅无法一一做解释。不过可以看到，最后两位何福堃、何乃莹是官职最高的。何福堃官至护理陕甘总督，清代后期，总督为正二品，是地方官员中最有实权的职位，不过何福堃担任的并不是实职总督，仅是“特殊时期暂行总督职位”这样的角色，连“代理总督”都算不上。这是由清代晚期特殊时期的政局造成的。何乃莹官至都察院左副都御史，这个官名似乎是一个虚职，其实不然。在清代，都察院是最重要的监察机构，主持都察院的官员分为都察院左副都御史和右副都御史。其中作为全国各省行政长官巡抚、总督大都兼任都察院右副都御史，实际上这些人并不在京城，负责都察院实际工作的正是都察院左副都御史。

除这两人外，何氏家族其他做官的人官职大都并不高，大部分人终其一生都仅仅是普通的中低级官员，很多人一生的最高职位仍旧是第一次做官时候的知县级别的官员。其中有四人担任过实职知府或者道员级别的官员。后人常言“三年清知府，十万雪花银”，知府和道员中也是地方拥有较高实权的官员。留在京城任职的人，在何乃莹之前似乎无一人能够适应京城复杂的官场，所以也看不到一人能够升任哪怕六部中某一部门的侍郎级别的职位。

第二节　做官员　编图书

何氏家族的第一位进士何思钧考中进士之后，遇到国家开设四库馆，编纂《四库全书》。从翰林院学习结束之后，何思钧被选入编写《四库全书》的机构四库馆，长时间参与《四库全书》的编纂，为《四库全书》这部享誉世界的文化巨著做出了贡献。

翰林院是清代最重要的人才储备机构，考中进士的人，经过再次选拔之后，只有最优秀的一部分人才能获得在翰林院继续读书三年的机会，这部分人被称为翰林院庶吉士，每一届只有几十个人。三年“毕业”之后，再根据考试成绩授以不同的官职。

何思钧于乾隆四十年（1775年）考中进士，并考入翰林院成为庶吉士，于乾隆四十三年（1778年）从翰林院学习结束，此时得到的工作是武英殿纂修，是一个正七品官员，官级相当于地方官的一个知县。这是当时一般进士的待遇。武英殿实际上是宫内一处建筑的名字，也是一个机构的名字，主要部门是武英殿修书处，本来是朝廷编书、印书的地方，大约相当于现在的中央文献研究室之类的部门。

在《四库全书》开始编写之后，本来一直负责编写其他图书的武英殿修书处的工作人员，大都参与到《四库全书》的编写中来了，何思钧也不例外。

编写《四库全书》，其实就是重新整理编辑历代留下的优秀学术成果和思想结晶。在图书出版和传播还不甚发达的时代，有一些图书最好的版本可能流传在民间，也有的图书面临散佚的危险，以国家之力编写《四库全书》，这是一件对学术和思想发展极为重要的事。

清代的印刷技术以雕版印刷为主，如果要将近10亿字的《四库全书》全部雕版，这固然可以方便图书的印刷、流传，但是雕刻本身的工作量在当时是无法想象的，所以《四库全书》的编写就是将历代典籍中最优秀的一部分重新整理、校勘、抄写一遍，并保存起来，而不包括正式的雕版和印刷工作。

在四库馆中，发掘和核定需要整理的图书的目录、版本，为这些图书编写提要是高级工作人员的工作，而普通工作人员每天的工作就是不停地抄书，然后校对，校对之后再抄写，最终形成善本。

何思钧是以武英殿修书处的低级官员身份参与到《四库全书》的编写工作中来的，并不直接参与抄写工作，当然也不是高级工作人员。最初，何思钧主要负责一些基本的组织工作，实际上即是带领一部分抄写和校对人员不停地抄写和校对图书，何思钧也参与具体的校对工作。

抄写人员是四库馆中人数最多的工作人员，但是其身份并不是正式的国家官员，而是类似于今天的“临时工”。抄写人员大多从参加乡试落第的考生中挑选。这一部分考生没有考中举人，无法做官，但是通过参加抄写《四库全书》，五年之后也可以参加官员分派，成为正式的国家官员，所以这部分工作人员也没有正式的工资收入，只有一个五年之后可以做官的承诺。五年之后，如果达不到字数要求，还要继续抄写够字数才准许参加官员分派。

在《四库全书》编写的初期，每天在馆誊录人员有700多人，后来更是增至1000多人。四库馆制定了针对普通工作人员的严格的工作考核制度，抄写人员负责的抄写工作完成之后，由校对人员进行校对，如果发现问题，抄写人员就要受到处罚。

抄写和校对，这是一份很有意义的工作，因为整日接触的都是历代的思想结晶，但也是很累、很枯燥的工作，因为抄写和校对人员负责的书往往并不是自己感兴趣的书。

乾隆四十四年（1779年），何思钧在国家官员序列中的身份转为了翰林院检讨，这是翰林院中的普通官员。之前何思钧在翰林院的身份是庶吉士，庶吉士只相当于在翰林院进行学习的学生，类似于今天的研究生，而不是正式的国家官员。翰林院毕竟是一个正式的国家机构，这一机构中有不同等级的官员，翰林院检讨是七品官员。

在担任翰林院检讨的同时，何思钧在四库馆转任缮书处复校官。实际上，四库馆的普通官员基本上就是由武英殿修书处和翰林院的各级人员组成。缮书处复校官仍是一个以具体校对事务为主的职位，主要负责“复校”，也不是四库馆中的高级官员。四库馆的官员自上而下分为总裁、总阅、总纂、总校等。

总裁是四库馆名义上的最高领导，四库馆先后有16位总裁，担任总裁的人往往就是当朝宰相，总裁之下有副总裁，四库馆总裁和副总裁在当时都是一种极高的荣誉。比如相传为“宰相刘罗锅”的刘墉就曾经担任副总裁。总裁和副总裁有时候会参与《四库全书》的总体协调和最后的抽查。

总阅主要负责《四库全书》的最后审订，多由当时公认学问最好的人担任。

总纂是《四库全书》实际事务性工作的总负责人。前后担任过《四库全书》总纂的人有三个，分别是纪昀（也就是纪晓岚）、陆锡熊、孙士毅。

总校负责保证《四库全书》的质量，实际上也是后勤和具体事务官。

上述人员都是四库馆的领导。四库馆最主要的工作部门是分校处和复校处，占了全部正式工作人员的绝大部分，《四库全书》的抄写人员也在这些部门之下工作，接受这些部门的考核。所谓的分校，简单说就是分头抄写和校对；所谓的复校，简单来说就是对已经抄写的书再作校对，再次抄写、整理保存。相对来说，分校的工作因为涉及的问题更多，所以也更加繁重；而复校是在分校的基础上再次加工，繁重程度相对轻一些，但是工作强度都非常大。

何思钧最初从翰林院学习结束，以武英殿纂修的身份参加《四库全书》的编写时，就是参与分校工作，后来以翰林院检讨的身份从分校转至复校处，并且担任了复校官。实际上相当于现在编辑流程中的从“初校”

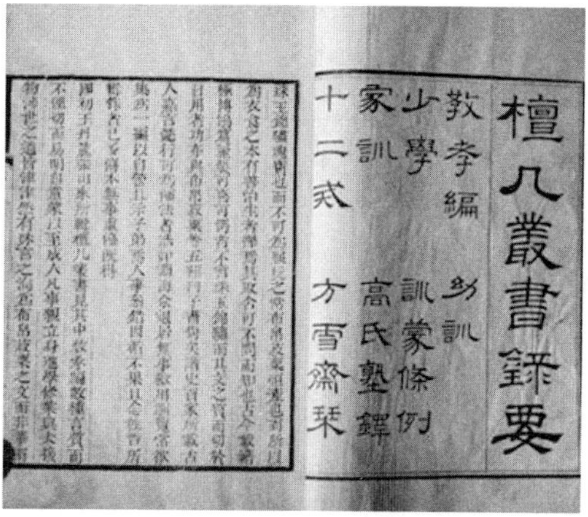

何思钧编辑整理的图书

转到了“二校”。

《四库全书》虽然在当时被作为国家文化工程中的头等大事，但绝不是一个形象工程，而是要求非常严格，《四库全书》编写中的具体问题也都要向皇帝汇报，而皇帝也总是亲自过问具体工作。几乎所有担任总纂、总校、分校的官员都曾因为抽查中出现的错误而受到过惩罚，有的甚至受到非常严厉的惩罚。

今天的人经常提起，在编写《四库全书》的过程中，因为“文字狱”大兴而导致不少人受到牵连，甚至死去。比如有的书所涉及的时间已经进入清代顺治年间，但是还使用当时南明朝廷的年号；比如将明末时期后金（也就是对清代早期的称呼）称为“金贼”的词语；等等。

实际上，由于《四库全书》所涉及的书目很多，工作量太大，大部分书都不涉及与清代有关的敏感问题。对于这些普通的工作人员来说，在抄写、校对中做到认真仔细，尽量少出错误才是最重要的事情。在参与编写、校对《四库全书》的工作人员中，有不少人因为劳累而生病，甚至死去。今天看到的影印出版的甚至转换成电子图书的《四库全书》，以及使用《四库全书》的版本，图书中的每一个字都是这些普通工作人员数年如一日一笔一画写下的。

作为普通工作人员的何思钧在四库馆分校处工作之初，也因为用功过度而累病了，不得不请假回乡休息。

根据现在的档案记载，何思钧在参与编写《四库全书》的过程中，曾经被“记过”上千次，多次被朝廷做出停发三个月俸禄的惩罚。比如乾隆四十六年（1781年），在一次抽查中，何思钧负责的部分被查出很多问题，“记过一百五十三次”，罚俸三个月。

这些“记过”可以说是与当时所有参与编写《四库全书》的普通工作人员的工作都始终相伴的。按照《四库全书》编写的规定，在校对过程中，如果其他校对人员发现了某校对人员没校对出的问题，每出现一处，就对相关人员记过一次，达到一定次数，就要罚俸扣钱。反过来，校对人员发现的问题较多，就给予奖励，甚至升官。

何思钧被上千次记过，其中所涉及的问题都是校对中的专业问题，而不涉及所谓的政治问题。比如何思钧在校对明代作品《对山集》时，原文内的“仙风泠乎清绰”一句，在抄写“泠”字时少写了一个点，成了“冷”字，校对没有发现，于是记过一次。“泠”“冷”两字的意思接近，是很容易看错的两个字，但是如果弄错了，会给后世的读者带来一点麻烦。“泠”字只是表示“清凉”，而不是表示“寒冷”。比如李白的诗句“愿乘泠风去，直出浮云间”，肯定不能是“愿乘冷风去”。如果这样的错误在图书中太多，必然会影响到图书的质量了。

再比如，在同样一本书中，“镜像委乎穹窿”一句，抄写人员将“窿”字抄成了“栊”，何思钧在校对时没有发现，记过一次。

再比如，在抄写明代著作《文氏五家集》中的“浩歌常傍白苹洲”一句时，“洲”字被抄成了“州”字，负责校对的何思钧记过一次。

……

正是这些细节问题，在何思钧负责的文本中一共出现过一千多次问题。何思钧当然也并不是不负责任，撰写、编辑人员即使再小心翼翼，也都难免会出现一些问题。之所以出现问题的总数量比较大，主要原因可能在于他的工作过于努力，所负责的工作量太大，这才造成错误的数量也大的结果。

单从书籍编写工作来看，从上述的错误中可以看到，编写《四库全书》，需要一个人有非常深厚的知识储备才行，否则一些错误便很难发现。何思钧能够担任四库馆复校处的官员，可见其学问水平也得到了四库馆领导和同行的肯定。

参加四库馆的书籍编写工作是何思钧做官历程中最主要的经历，虽然做了官，实际上还是在与书籍打交道。对于读书人来说，这应该也是一件不错的事情。

第三节　做官员　兴教育

从乾隆年间开始，何氏家族有众多人在外做官，前述列出的只是考中进士的部分，其实还有大批何氏家族的举人也在外做官。这些何氏家族的官员似乎有一个共同特征，就是安守本分、不图名利，无论做什么工作，都勤勤恳恳、绝不懈怠，坚守一个读书人多年接受的圣贤教诲。

由于将读书作为本分的缘故，经过长时间的熏陶，何氏家族成员的性格变得温和而不暴戾，大都将心思用来提高个人修养这件事上，既不追求外在的物质欲望，也不汲汲于个人生活的安定。不攀附权贵以追求升官，也不参与远离官场的权力斗争。大部分何氏家族的成员都只是担任了地方政府的基层管理者。在清代，县级官员便属于最基层的管理人员了。

比如何思钧的哥哥何思温曾经在浙江担任知县。他深知老百姓的不容易，在任期之内，经常到乡下去，鼓励本地士绅出面修建道路、桥梁，加固河堤、沟渠，建设学校、书院。一般来说，清代的知县主要工作是征收赋税、管理治安，只要能够按时足量将赋税征收工作完成，并且将地方治安问题处理好，知县就算是很好地完成任务了。

知县衙门内没有几个正式的人员，因为知县手里掌握的资源太少，完全没有正式的县级财政，不用说修桥铺路，就是知县本人的随从、文案以及诸如帮助知县做饭的后勤人员，也都需要知县自己出钱来聘请。国家发给知县的工资可能仅够勉强支付知县雇用的县衙门帮工，完全没有能力担负公共服务事务所需。所以，如果一个知县对于公共事务还亲力亲为，自己去联系本地有钱、有能力的士绅，督促地方改善公共事务的话，会被认为是真正的“青天大老爷”。

根据记载，因为何思温常年关心地方公共事务，何思温管辖的县内也出现了“民不知役，农无废功”的良好局面，也就是知县本人通过协调，使得本地公共服务由本地士绅组织完成了，县衙门不再强制给老百姓派出徭役了。这导致了地方民风改善，治安事件大大减少，县衙门的胥吏几乎没有事干。时间一久，这样的成绩被上级领导知道了。有一次，浙江巡抚到各县巡视，来到何思温所在的县时，听到不少百姓赞扬本任知县，亲力亲为帮助本地协调关系，处理纠纷，建设公共设施的话。

浙江巡抚问何思温：“何术致民誉君？”

何思温答：“主臣特性不好懒耳。”

巡抚感慨地说：“官不懒，民不劳矣，其得誉也谅哉！”

何氏家族也有担任比知县更低的官员，与何思温同一辈的何思明曾经担任太谷县教谕，这在清代官员中属于最低级的官员了，主要负责县学的管理，也就是管理本县的秀才。秀才就是生员，本来是指县学学生的意思。县学也就是所谓的“公立学校”，只是所谓的县学其实大都徒有虚名，做学生的秀才们根本不会到县学去，县学的管理者教谕也不认真管理。

教谕的工资很低，比做塾师也好不到哪里去，一般除收取一些新考中秀才的见面费外，也没有什么油水，所以担任教谕的人，很多都是混日子。时间久了，朝廷也不重视教谕的工作，往往派一些老病昏聩之类的人担任。县学基本上形同虚设，负责一地高级别教育的部门转移到了各地的书院中，有些县学里的建筑都坍塌了也无人理会。

可是何思明担任教谕仍旧认真负责，做好自己的本职工作。根据文献记载，在他担任教谕的八年时间里，按照规定对本县的秀才进行考课。秀才考课制度是指考中秀才之后，仍旧需要定期到本县官学参加考试，这种活动在大部分地区都早已不再执行。

在何思明担任县教谕期间，太谷县学的墙舍早已倾颓很久，何思明自己出钱进行了修葺，这样一来，县学焕然一新。太谷县的王知县遇到这样负责的下属，非常高兴，于是向何思温赠送了一块匾额，上书“鳣堂高义”。“鳣堂”就是讲学的地方，儒家思想认为“学而优则仕”。在中国文化中，蛇鳣是卿大夫服饰上常出现的图像。据传，汉朝大儒杨震讲学的地方曾经飞来一只大鸟，口里含着三尾鳣鱼，众人以为杨震必然会受到朝廷的征召而出外做官了，后来果然如此，于是“鳣堂”成为讲学之地的代称。

知县还将何思温的事迹写下来，刻在石碑上，并把石碑安置在县学的主要建筑内。此事被太谷县的老百姓传为佳话。

此外，本县内的秀才，有的人由于家庭贫困，常常在生活上遇到困难，无法继续读书。遇到这种情况，何思温必然出面周济。这样的行动对于促进本地秀才继续参加科举考试，成为国家栋梁之材具有重要的意义。

再比如，何氏家族的第十二世祖何道生，曾经担任过九江知府、宁夏知府，虽然也是地方官，但是知府拥有不小的权力。何道生也是何氏家族在乾隆期间为官较久、级别相对较高的人。

何道生一生为官清廉，深得皇帝的信任。他曾受命巡视济宁漕务，这是一个漕运总督下属的官职，清代的漕运类的官职是独立的系统，也是“油水”很多的官职。可是何道生到任之后按照规定，“撤供帐，绝苞苴，清操甚著”。

嘉庆初年，何道生因为父亲去世在家守丧，守丧结束，进京重新分配工作，这次中央政府派他出任宁夏知府。此时他还在生病，因此上疏说自己恐怕不能胜任。皇帝对他说：“以汝之为人，朕所素知。宁夏要缺，汝好为之，如果不胜，再请不迟。”后来，何道生在宁夏知府任上病逝。可以说为了国家付出了个人的生命。何道生的好友秦瀛为其写的墓志铭中说：“君镞砺名节，襮顺内方，和易退让，而嶷嶷有立。”

当然，何氏家族在外做官的人，虽然大都温文尔雅、安守本分，但是这并不意味着能力不高。在遇到关键问题的时候他们也能处理得很好。

何氏家族的第十二世祖何元烺曾经受命到广西担任太平府知府。太平府所在的地区民情复杂，一些地方“土流杂居”，很难管理。当时的土官是指本地居民自发形成的官员，不受政府调动，仍是部族酋长的状态；流官是受政府调动，流动各地的官员。所以“土流杂居”的地区管理起来十分困难，不过何元烺在太平府做官的经历备受称道。

何元烺并没有站在“文明”的角度看不起本地的土著居民，反而根据本地的风俗，因势利导地处理问题，逐步将本地带领到用文明的方式处理问题的道路上来，做到了“令不烦而事无旷”。

有时候，何元烺也会遇到一些棘手的问题。有一次，太平府所辖的一个土司地区发生混乱，一些人策谋杀害本地土官，以谋得土司之位。那时候，驻扎在本地的武官没有更好的办法，希望使用炮兵轰炸这一地区，以歼灭作乱者。何元烺从老百姓的角度出发，认为这样只能导致无辜群众受伤，将来出现类似问题会更不好处理，于是单骑而出，告诉众人说：“欲易土官，权在我，慎毋敢为乱。”这是说：“你们想要换谁做土官，只要跟我说就行，不要作乱。”最终，何元烺的勇敢无畏受到本地土著居民的认可，一起几乎要酿成大错的事故得到和平处理。

何元烺也十分关心自己身边的工作人员，有一次，何元烺手下的一名家庭十分贫困的胥吏去世了。胥吏的儿子为贪图富贵，想把妹妹嫁给本县的知县做妾，如果妹妹成了知县的妾，那么至少可以得到一些好处，但是给人做妾在当时是很丢人的事，所以他的妹妹誓死不答应。何元烺毕竟是知府，知县是他的下属。何元烺听说此事之后，出面制止了这件事，并且出了一些钱，置办了用具，“谕其母，择婿嫁之”。

读书可以改变一个人的气质，也可以改变一个家族的气质。孔子曰：“古之学者为已，今之学者为人。”按照圣人的教导，读书本来就不是为了追求功名利禄，甚至不是为了有利于社会发展，也不是为了帮助他人，主要是为了提高个人修养。在提高个人修养的基础上，其他方面的追求只是次要的、辅助性的追求。这正是何氏家族读书的根本目的所在。按照圣人的教诲，坚守读书的根本目的，从提高个人修养做起，参与一地的治理，这样的精神，也是何氏家族读书传家的集中体现。

第四节 做官员 念旧故

热心乡里之事是何氏家族一直奉为圭臬的家训，自何溥以来，何氏家族为本地的公益事业做出了极大的贡献。何溥所处的那个时代，何氏家族还没有什么人出外做官，之后，何氏家族的资产渐渐积累，在外做官的人越来越多。这些何氏家族的后代一直将救济乡里贫困百姓作为自己生活的一部分。

读书固然很重要，何氏家族将读书作为最重要的事情，这还不够。在那个时代，有见识的人总是说："道德传家，十代以上，耕读传家次之，诗书传家又次之，富贵传家，不过三代。"所以，对于家族治理来说，读书可能只是一种工具，而真正想要家族持久绵延，道德才是最重要的因素。

在《何氏族谱》中提到的何氏家训的八类内容中，"端品行"位居其中之一。在何氏家族的管理者看来，文章远没有道德更加重要，所以何氏家训告诫子孙后代，"士先气节而后文章"，"君子以立品为贵"。所以，以写文章、考科举在社会上立足的一大批何氏家族的读书人，并没有将自己人生的理想止于读书本身，而是将读书作为一个过程，按照圣贤的要求做事才是他们最大的追求。

在所有可以称为有道德的事情上，扶危济困，帮助有困难的人总是没有疑问地成为最重要的类别。

乾隆二十四年（1759年），灵石所在的地区遇到旱灾。由于粮食减产，许多百姓吃不饱肚子。于是何思明带头，从何氏家族内部筹集了一批资金，出外购买粮食，运回灵石两渡，用以赈济灾民。据《何氏族谱》记载，这一年何氏家族赈济灾民的活动从春天一直持续到秋作物成熟之时，前后总费用高达上千两银子。

由于财政收入过少，清代地方政府总是缺少足够的资金赈济灾民。在灾荒发生的年代，家族力量可以在很大程度上起到互帮互助的作用，代替政府完成很多公共服务。在整个何氏宗族内，虽然有不少人出外做官，但是由于人口众多，支脉繁衍，也有很多人家境并不好。在当时，在遇到困难的时候，以家族的名义对困难的人进行资助是很常见的事情。比如《红楼梦》里的刘姥姥所在的家族，与贾府的贾氏家族之间的关系已经十分疏远，可以说是那种“八竿子打不着”的关系了，可是贾府在资助刘姥姥这件事上丝毫没有吝啬，这是因为当时的风气一直如此。

据《灵石县志》记载，在光绪三年（1877年）的特大旱灾中，何氏家族也曾为赈济灾民做出贡献。光绪三年是干支纪年的丁丑年，这次大旱在历史上被称为“丁丑奇荒”。据现在学者的研究，这一年山西省中南部的降水量仅有以往年份的四分之一。《丁丑大荒记》记载：“光绪三年岁次丁丑春三月，微雨，至年终无雨，麦微登，秋禾尽无，岁大饥。”

灵石附近一年种两季粮食，在夏初收麦子，然后种下秋作物，到秋天结束时收获秋作物，再种下麦子。因为春天的雨很少，所以麦子产量很低，百姓们寄希望于秋天能够多收获一些粮食。秋作物播种的时候虽然下了一些雨，但是到庄稼长大之后，有的甚至已经开花了，却遇到天气持续干旱，最终颗粒无收。缺少粮食的普通百姓需要坚持到来年的夏天才能收获下一茬庄稼。据当时官员向中央政府提交的报告称，光绪三年，山西“省南被灾尤酷，赤地千里，山童川竭，树死土焦”。灵石所在的地区是重灾区，而整个山西受灾的百姓人数达数百万人，不少文献说饿殍满地，甚至出现人吃人的现象。

何氏家族在这一年的旱灾中也受到了极大的损失，但是由于有多年积累下来的财富，所以派出人到外地购买粮食，想尽办法运回灵石，在两渡附近设计“粥厂”，将粮食煮成粥，免费发放给灾民。在灾荒面前，何氏家族不仅资助何姓的人，而且将资助范围扩大到了本地区的所有贫困百姓。

除赈济灾民外，何氏家族还为地方社会做了很多好事，《何氏族谱》提到何氏家族的成员在本地，“修理桥梁、捐施棺木、给贷籽种、建立茶亭，增修脯以立义学，设糜粥以济荒年，振贫起瘠，载人口碑”。

何氏家族热心本地公益事业的举动，是一种“积德”的行为，这使何氏家族在本地老百姓中获得很高的声望。受到过何氏家族恩惠的人必然记得何氏家族曾经不求任何报酬地帮助过自己。享受因何氏家族提供的像道路、桥梁这样的公益服务，必然“吃水不忘挖井人”。在这种情况下，何氏家族就会成为善良、正义的象征。在遇到经济、土地等纠纷的时候，何氏家族出面说话会得到更多人的认同。

第七章

国家危难中的何氏家族

在近代中国社会转型时期，何氏家族虽然没有处在风口浪尖，但也直接参与并且受到了像甲午中日战争、义和团事件等事件的影响，这些事件对中国近代历史有重大影响。在经历这些事件前后，何氏家族也受到了深刻的影响。不同的选择带来了不同的命运。在敏锐地意识到社会正在发生的变化之后，这个科举家族的成员开始思考各自的未来，并且将读书参加科举的理想转移到了读书报国上来。也正是因为这样，何氏家族才能在社会变迁中把握住时代的脉搏，并且将家族家风延续下去。

第一节　义和团　前途误

家族与国家始终是不可能分离的。在中国近代史上，出现了太多不忍卒说的事，这些事情距离今天的时间也太近，似乎也并没有盖棺论定，但是这些事对国家又有深远的影响。甲午中日战争、义和团事件等都是典型事件。何氏家族也卷入了惨烈的甲午中日战争和荒唐的义和团事件之中。

义和团事件发生在甲午中日战争十多年之后。本来已经元气大伤的中国需要以更加理性的方式处理事务，需要休养生息，以恢复国家力量。但是历史却没有给中国这个机会。义和团事件之后，中国社会再一次大伤元气。一方面，在中央政府做官的何氏家族成员，也对当时的决策产生了一定影响，而另一方面，在义和团事件发生的前前后后，对于政府针对义和团事件发生的过程中，做出的前后矛盾、混乱无序的决策，灵石何氏家族也第一次开始强烈地感到无法适应。

从中国政府混乱的决策中，何氏家族中一部分思想敏锐的人，开始感觉到中国社会已经发生了变化，而另一部分人，仍旧抱守着原来的行事准则。在此之后，做出不同判断的人必然走上不同的道路，灵石何氏家族的转变与国家命运的转变实际上是紧紧联系在一起的。只有将家族与国家视为不可分割的一体的人，才能真正把握社会的变化。

在近代史教科书上，清代末年的中国似乎已经“溃烂”到了无可救药的程度了，但是底层社会其实并没有出现巨大的混乱。洪秀全、捻军出现的最初原因，并非因为百姓无法忍受政府的苛捐杂税或者残酷剥削，实际上更是地痞流氓式的趁火打劫，利用了地方政府的势力微弱。在洪秀全、捻军控制的区域内，老百姓所受到的劫难远远大于清代地方政府控制的区域。

政府对清代底层社会影响很小，以读书人为主的“士绅”阶层是维持清代社会稳定的核心力量。有了这样一批士绅的存在，地方社会可以很平稳地度过混乱，自发形成自救活动。

但是作为国家核心部分的中央政府的情况却每况愈下。本来古代中国与外国打交道只有两种情况，一种是对方是野蛮力量，但是力量很强大；一种是对方的文明程度较低，而且力量很弱小。除此之外，大都要么属于内部问题，要么属于地理上太过遥远的问题，不会引起剧烈的动荡。古代的外交活动，在当时中国看来，实际上更像是“教化”活动，因为对象都是文明程度比不上中国的国家。

重要的是，近代以前中国与其他国家在交往的过程中，大都认可儒家社会交往准则，如果不认可，便会被认为是野蛮的，因此，中国就可以获得绝对的话语权。但是近代以后情况却改变了，欧洲的国家或者日本等，在国家实力上可能与中国政府不相上下，甚至还不如中国，但不同的是，这些国家不再像朝鲜、越南那样认可中国政府的那种儒家准则，而是有自己独立的国家与国家交往的准则，中国政府对于这些准则完全不了解。

于是，一些情况下，哪怕各国没有坏心，只要求中国政府按照共同的国际准则来行事，中国政府也做不到。换一下立场来讲，这似乎就像曾经的中国希望周边文明程度较低的国家，能够像中国这样按照儒家社会准则来行事，这些国家短时间内也做不到，中国政府会认为周边这些国家文明程度较低一样。现在的情况发生了转变，轮到曾经一直自以为掌握了话语权的中国政府，开始不懂得国际交往规则的时候了。

在欧洲国家看来，中国政府怎么能连这样最基本的准则都不懂，中国似乎也是和非洲或者充其量印度一样的地方。尽管几百年前的欧洲曾经非常仰慕中国这个遥远的国度，以至于哥伦布等人历尽千辛万苦跨洲越洋，就是要找到中国。

当然，在义和团运动发生的年代，世界局势的复杂程度远非三言两语可以说清。欧美各国的思想界、政治局面，以及社会结构也在发生剧烈的变动，整个世界都处在躁动不安的状况下。

因为不懂得交往规则，加上欧洲诸国在军事装备上的先进性，中国政府感觉受到了前所未有的欺负，可是又感觉这种欺负实在莫名其妙。比如这一次完全不像是曾经十分屈辱的南宋时代，那时候，所有的问题，即使在当时的很多人看来，尤其是读过儒家的书和史学书的人，也都心知肚明。可是现在，谁也不知道发生了什么。

义和团是中国百姓自发组织起来形成的抵抗外来势力的组织。由于地方政府力量的弱小，在清代中后期中国北方的广大农村里，一直有很多非正式的、缺乏严密组织的民间力量。有些组织是纯粹的行业组织，比如编草席的人自发形成了简单的组织；有些组织只面向特定人群，比如面向盲人；有些组织只是本地人在农闲时节聚集在一起，举行娱乐活动，兼及信息交流的组织。当然，也有些组织慢慢兼有了政治自治的功能，甚至有了明确的政治目标，但是因为这些组织对老百姓的控制力十分强大，又能按时向县政府缴纳税收，而且一般不使用武力手段，所以地方政府一般睁一只眼、闭一只眼。义和团的前身，就是这些非正式组织的一种。

《南京条约》签订之后的一段时间里，英、法以及欧洲其他国家获得在中国传教的权利。不过，老百姓比政府更不懂为什么在自己生活的地方也出现了外国人。尤其令人不解的是，这些外国人如果犯了法，需要交给外国政府处理，中国政府无权处理。这是条约中规定的“治外法权”。可是用不着高深的国际法，只要有常识便可以知道，无论什么人，“杀人偿命，伤人抵偿”，这是千古不变的道理。一般人有时可以容忍在一个国家内有徇私枉法的事情存在，但是绝不能容忍竟然有明文规定，一些人是不受法律制裁的，更何况这些人是外国人。即使老百姓眼里的高高在上的官员犯法，也不能不受法律制裁。这恐怕是义和团兴起的最大的刺激性原因。

于是，比一般民间组织有斗争的目标、口号的义和团迅速兴起。底层社会的百姓，往往没有太多的主见，周围人怎样，自己就怎样。义和团很快扩展到山东、河北的许多地区，北京周边也有了义和团组织。

在这个时候，在北京做官的何氏家族的最后一位进士何乃莹终于超越了前辈，摸准了京城官场的规律，光绪二十六年（1900年），何乃莹已经是顺天府尹，大致相当于今天的北京市市长。之后何乃莹又受到慈禧太后的亲信刚毅的赏识，被提拔为都察院左都副御史。

刚毅，满族人，时任兵部尚书，协办大学士，兼任军机大臣，是当时中央政府权力核心人物之一。刚毅虽然是满族人，但是深受传统儒学的熏陶，思想保守，一直持有排外的思想，但是又完全不懂得世界局势，也不懂得国家之间交往的准则，所以只是盲目地排外。对于义和团，刚毅的判断是“民心可用”，可以借此力量扫除外来势力。

光绪二十六年，何乃莹与时任总理各国事务衙门大臣赵舒翘到京郊各地，实地调查义和团开展的情况，以决定朝廷对义和团下一步的对策。调查之后，何乃莹和赵舒翘都明显感觉到参与义和团的人，大都是“市井无赖，乞丐穷民”，想依赖这样的人扫除拥有洋枪洋炮的外国人，无异于痴人说梦。

何乃莹和赵舒翘两人与刚毅会面之后，明知刚毅历来的观点，赵舒翘仍旧表达了自己的看法，而何乃莹在汇报的过程中，却刻意隐瞒实情，“揣太后意向，不以实报”。身为都察院左都副御史的何乃莹，实际上也是国家权力核心层的成员，他的话对于政策也具有重要的影响。于是，六月二十日的朝廷会议经过讨论，决定借助义和团驱除外国力量，要求总理各国事务衙门“照会各使馆，遣令出京，如不从令，乃以兵临”。

在今天看来，这实在是太过荒唐的决定。一般在国际交往中，即使是战争已经发生，双方大使馆也会推迟很久才撤回。因为纵然双方已经交战，可是打仗往往不是最终目的，维护国家利益才是目的，这总需要有人来联络。两国交战，不斩来使。即使一国的目的在于直接吞并另一国，也不至于交战之前，先驱除对方大使馆人员。比如几十年之后的“八年抗战”期间，直到1940年之后，双方才撤回大使。

对于朝廷的决定，甚至当时的东南各省的总督、巡抚都看不下去了，于是中国出现了“东南互保”的局面。各省联合宣称，此次诏令是义和团胁持了朝廷发布的命令，本身就是“矫诏”，是违法的，所以不予执行。当时，中国的政治到了这样的程度，距离诸侯割据、分崩离析也就不远了。

在欧美各国看来，驱逐大使等于是中国政府向各国宣战。随后，中国政府又发布了正式宣战诏书。于是，仅仅不到两个月，八国联军就攻进了北京城。在这个时候，似乎八国联军也感到诧异，拥有如此广大的领土，如此众多的财富，而力量并不小的国家怎么会出现这样的情况。

慈禧太后在京城“沦陷”之前，便一路向西奔走，躲到了西安。这时候的慈禧，最害怕的仍旧是失去权力。她担心，外国人会怪罪做出宣战决定的人。可是八国联军并不想费心思直接管理如此庞大、如此复杂的国家，他们要的只是利益。

本来因为与中央意见不合，而被调到南方的李鸿章，这一次又有了利用价值。于是中央命令已经年迈的李鸿章迅速北上，主持与各国的协商事宜。于是《辛丑条约》签订，其内容一直是中学历史教科书中的重点。中国政府除赔偿各国数亿两白银外，还失去了许多主权。《辛丑条约》签订之后，外国的军队甚至可以直接驻扎在京津之地。

一年多之后，慈禧太后才回到北京。这时候，中国的对外政策当然已经做了180度大转弯。秋后算账，都察院左都副御史何乃莹，虽然在慈禧太后远赴西安的路上尽心竭力地工作，但是仍旧受到“即行革职，永不叙用”的惩罚。理由是隐瞒义和团实情，逢迎附和。数百年来，何氏家族一直本本分分，官位一直不高，充其量是一些知府、道员之类的基层官员，终于进入国家权力核心层的何乃莹却一着不慎，结束了自己的政治生涯。

当然，即使没有何乃莹的出现，以当时慈禧、刚毅等人的观念，仍旧会有其他理由发布驱逐各国大使的决定。充其量，何乃莹只是顺应了一时的形势，然后成了事实上的替罪羊。

被罢官之后，何乃莹一直住在北京的教子胡同38号。由于多年在京城做官，何乃莹已经在京城购下了这处宅院。这处宅院高大宏阔，内部又分为几个小院子，极为气派。一直生活在这里的何乃莹从此不再参与、讨论国家政事，而迷恋上了养花，在长期钻研之下，甚至成了养花专家。

何乃莹虽然官场失势，但是昔日的朋友很多，众人也都知道何乃莹不过是替罪羊而已。何氏家族的人在外，也每每被问起何乃莹的近况。何氏家族内的其他人，也并没有因为何乃莹的失势而变得看不起他。何氏家族内的关系仍旧十分融洽。

何乃莹一共有一子五女，这些何氏家族的后代对于读书很有天分。

第二节　新力量　何厚吾

除何乃莹外，何氏家族还有一位成员受到了义和团事件的影响，这就是何乃莹的族叔何福堃。在义和团事件发生，慈禧太后西逃的时候，何福堃担任的官职是甘肃按察使。按察使在当时是正三品省级实权职位，专职负责一省的司法事务，一般被称为“臬台”，与负责民事的布政使的“藩台”并称为“二台”，再与一省长官巡抚（“抚台”）并称为“三台”。

何福堃身在甘肃，面临的政治环境没有何乃莹那般混乱、险恶。不过远在甘肃的他，也直接参与了义和团事件的善后处理。在当时，与刚毅坚决站在一起，甚至比刚毅还激进的人是时任山西巡抚毓贤。八国联军进入北京城之后，曾将毓贤作为头号需要处理的人。之后，毓贤被革职充军，流放新疆，走到甘肃兰州，又被判处死刑并立即执行。作为甘肃按察使的何福堃，是主持执行这起死刑的官员。因为这一原因，何福堃擢升护理陕甘总督的职位，成为何氏家族的又一高官。不过，与何乃莹相比，何福堃面临的政治局面非常明朗，只是执行上级命令而已。

在义和团事件前后的数年里，何氏家族还有一位成员，他在处理相关事件上做出了与何乃莹、何福堃截然不同的选择，而他的选择将为之后何氏家族新兴力量的成长起到至关重要的作用，这个人便是何厚吾（字子宽），也就是何福堃的堂侄。

何厚吾是何氏家族第一位考中进士的人何思钧的后代，父亲何福荃，曾经在东北地区做过低级官员。在何厚吾十几岁的时候，父亲就去世了。何厚吾一共有兄弟三人，他是老大。老二何厚贻（字子良），一生平淡，于1950年去世。老三何澄，本名何厚惆（字亚农），号真山老人，是民国时期的风云人物。

何厚吾生活的年代，中国的政局飘摇不稳，国家大厦摇摇欲坠，社会变动剧烈。早年的何厚吾曾经参加科举考试，之后担任我国辽宁省朝阳县（今辽宁朝阳市）的县丞，之后因为本地社会混乱，而何厚吾治理有方，升任知县，之后又转任赤峰直隶州同知（相当于知县）。

光绪二十年（1894年），何厚吾母亲病逝。于是他回到故乡两渡安葬母亲。之后31岁的何厚吾携两个弟弟出关，到东北其父亲何福荃曾经居住的地方，投靠其伯父。

这一年，甲午中日战争爆发。日军陆军第一军渡过鸭绿江，入侵中国东北。由于清代规定，父母去世之后，除非有特殊情况，否则几年内不能担任正式官员，所以何厚吾将两个弟弟送回京城，随即返回东北自行招募军队，驻扎在辽宁南部凤凰山附近，守卫盖州城，抵抗日军侵略。光绪二十一年（1895年），何厚吾所统领的军队以及友军在辽东半岛与日军展开激战。此时，驻守此地的中国军队以李鸿章部下刘铭传的淮军为主，具有一定的战斗力。在激战中，中国军队多位高级将领受伤牺牲。

这一年三月，《马关条约》签订，中日停战。何厚吾悲愤交加，写下了《甲午乙未军中感事诗》：

锁钥纷纷启北门，义旗慷慨更谁论。

燕巢覆卵家安在，虎口余生命偶存。

十万虫沙成底事，五千貂锦究何冤。

从军讵为终童志，聊答朝廷养士恩。

从这首诗的内容可以看到，在战场经历了血雨腥风、生死考验的何厚吾，更加清醒地认识到了家和国家的关系。在日军的侵略之下，国家如果不复存在，那么自己的家族也将会无处容身。这种境界远远高过了在中央做官的何乃莹。

尽管此时的何厚吾官位不能跟何乃莹相比，甚至科举考试的成绩也不能跟何乃莹相比，但是这并不影响他对人生和社会的体验，以及对此做出的选择。

在何氏家族的历史上曾经出现过的人才也是文武兼有。在何氏家族的15位进士中，还有一位武进士何道深。所以何厚吾的选择，似乎也自有家族风气的渊源。

清代的科举考试分为文科、武科，武科举也分为童试、乡试、会试，也有秀才、举人、进士之分。考中武举人、武进士，也可以做官，只是任职的范围较窄，且因为武科举考试的内容简单，社会也不甚看重。何氏家族的武进士何道深是何氏家族第十二世祖，在考中武进士之后，曾经长期担任乾清门侍卫，大约相当于现在的中央警备系统中的普通官员，后来在西南地区担任提标右营游击，“游击”是清代地方武官，品级为从三品，属于中高级官员，往往在军事要塞才设置游击这样的官衔。

据历史记载，何道深平日“抚士严而有恩”，后来参与维护西南边疆与缅甸的战斗。接到命令后，何道深知道接下来将面临危险，于是下令军中“凡无子、无兄弟者皆弗从”，之后何道深在战斗中英勇杀敌，战死沙场，尸首无存。军中的将士们无不为何道深感到悲伤，只得将何道深的遗物带回京城。

中央政府对何道深的英勇事迹做出褒扬，指令在其家乡灵石县建立何道深的衣冠冢，并追赠何道深为“武义大夫”，追赠何道深的祖父何龙腾和父何思义为“中宪大夫”，何道深入祀有国家级荣誉的昭忠祠。乾隆皇帝为何道深亲笔题写了“谕祭阵亡游击何道深之灵”，原文为：

> 鞠躬尽瘁，臣子之芳踪；恤死报功，国家之盛典。而何道深，禀赋忠直。国而亡身，御敌冲锋。奋勇阵没，朕用悼焉。特颁祭葬，以慰幽灵。呜呼！聿昭不朽之荣，庶享匪躬之报。尔如有知，尚克钦享。

何道深战死之时，留下了遗腹子，两个月后，儿子何膺绶出生，受赐为恩骑尉。桐城文学大家姚鼐，为何道深撰写了墓志铭：

> 颀与何君！眉目清美，揖让温温，以与余友。佩鞬横戈，徂险而驰，急难舍生，义孰与多？汾流之侧，君起厥邑，往不生归，铭窆无极。

光绪二十三年（1897年），何厚吾守丧结束，重新回到官场，担任直隶深州安平县知县。在此期间，义和团也蔓延到了安平，开始影响到本地的社会。身为“七品芝麻官”的地方官员，何厚吾比在朝廷的官员们更了解义和团，他不需要整日面对复杂的权力纷争。因此，他对义和团不需要像何乃莹那样有重重顾虑。

安平县是位于冀中平原中部的一个面积不大的县。不过这里也有几座小教堂，几十个教民。义和团蔓延开之后，一些外来人员在本地开设了一些分点，不少本地士绅看不惯义和团的一些过于“迷信”的行为，试图出面制止，却遭到辱骂和拳打脚踢。何厚吾担心义和团的活动不但会与本地的教会发生冲突，而且还会与在本地有重要影响力的士绅发生冲突，进而引发混乱。于是出面逮捕了一些义和团成员，没收了一些诸如“灵符”之类的东西。

可是毕竟县政府的力量十分有限，几百名义和团成员聚集在县衙门口，何厚吾感到无法处理，便向上级求援。几天之后，本地士绅找到何厚吾，希望协调这件事。他们说现在安平县人心惶惶，老百姓觉得要出乱子了，四处买粮食，物价开始上涨，希望能够尽快将问题协商解决。士绅们已经找过义和团的首领，只要能够放人，本地的义和团便可以解散。此时，聚集在县衙门口的人更多了，何厚吾无法招架，只好先放人。之后，直隶总督府发来公文，以违反上级命令逮捕义和团为由，将何厚吾免官。

光绪二十六年（1900年），慈禧太后自山西逃亡陕西。八国联军于是趁势攻占了北京周边的保定等大片领土，甚至准备进军正定。此时的直隶总督府念及之前何厚吾在辽宁地区曾经有带兵的经历，于是责令何厚吾就地建立一支军队，守住八国联军西入山西的交通要道井陉，防止八国联军从井陉西入山西。

光绪二十八年（1902年），慈禧太后回到京城之后，何厚吾受到当时的直隶总督袁世凯保举，“天子西狩，命守井陉，迎銮徐劳，赐四品顶戴”。这只是一种恩荣性质的赏赐，何厚吾并没有获得实际的四品官位。之后，何厚吾担任代理承德府建昌县知县一职。光绪三十年（1904年），辽宁朝阳县升格为府，何厚吾升任代理知府。在朝阳府知府任内，何厚吾开办了新式学堂，有效地化解了本地的诸多矛盾，获得了好评。

光绪三十年年底（1905年年初），何厚吾病逝于朝阳府知府任上。由后代及弟弟何澄扶柩，归葬两渡。

第三节　学西学　读新书

义和团事件的发生，导致何氏家族两位高官有了不同的命运。何厚吾在甲午中日战争和义和团事件中立下的战功，也让何氏家族中的新兴力量开始寻找新的道路。

何氏家族有三个人直接与义和团事件产生了联系，其中官级最高的何乃莹因为无法弄清上级多变的意图而结束了政治生涯。中级官员的何福堃因为偶然的原因，参与了义和团事件的后期处理，并且得到升官。而何厚吾在甲午中日战争期间带兵抵抗日军侵略，在义和团事件发生期间，做出恰当的处理，并且带兵保卫国土，主要不是偶然的“机遇”，而是出于主动的选择。

几百年来，何氏家族虽然在科举考试上非常成功，但是一直保持着读书人的基本品质，并不懂得官场的复杂关系，因此也无法把握到官场升迁的规律。何氏家族大部分出外做官的人终其一生大都是中低层官员，很多人一生只是担任知县级别的"七品芝麻官"，这是考中进士，开始做官之初就能得到的官级。只懂读书而不懂官场，这是由何氏家族一直以来以读书为最高追求这一性格特点所决定的。

到了何氏家族的最后一位进士，何乃莹终于摸清官场的规律，适应了那个时代的官场。在义和团事件之前，何乃莹就已经当上了顺天府尹这样的地方大员，如果换在康乾盛世之时，何乃莹必然会拥有更好的政治前途，说不定会成为宰相。

遗憾的是，何乃莹所处的时代已经不再是那个四平八稳的旧时代了。如果说两次鸦片战争对庞大的中国没有造成根本性的创伤的话，那么自太平天国结束，一直到甲午中日战争以后，中国社会开始经历一次又一次更加深刻的动荡。一个懂得历史、关心国家未来的人会敏锐地发现，一个乱世就要到来了。在这样的背景下，只有用新的思路，再一次思考家族与国家的关系、个人与国家的关系，才能跟得上时代的步伐。

何氏家族首先要思考的是家族与国家的关系。到何乃莹、何厚吾所生活的时代为止，一百多年来，何氏家族一直将参加科举考试作为家族参与国家事务的最重要的途径。在社会基本稳定的年代，对于绝大多数普通百姓来说，科举考试是选拔国家管理者最重要的手段，是促进人员流动、阶层变化的根本力量。通过参加科举考试，确实可以有效地参与到国家事务之中。

不过在这背后，最重要的关系是家族与国家。何氏家族通过各种办法，增强家族力量，鼓励后代参加科举考试，实际上是希望后代能够不仅作为家族内的成员，而且还作为国家管理者的一员立足于社会。当然，家族也是国家的一部分。如果国家不存在了，也就不会有家族了。

在《何氏族谱》中，有一位生活在明代末年的叫何西奇的祖先，他是一位秀才，一直用功读书，在知道了李自成攻破北京城，崇祯皇帝自杀之后说："不意天崩地裂至于如此，吾名未隶仕版，不得与死众死制者同，虽然吾不忍复为之民矣。"于是他将财产分给三个儿子，终日悲痛欲绝，一个多月之后不食而死。

家谱的编写者，将这样的事情记载下来，是希望自己的后代能够明白，国家的存在应该先于家族的存在。在国家有困难的时候，家族应该做出牺牲，尽力维护国家的利益，维护国家就是在维系家族的发展。如果为了个人的私利而不顾国家的利益，那么家族也必然无法维系，个人也必然受到损失。

在接下来的20世纪里，维护国家利益是何氏家族得以立足的重要原因，也是何氏家族在新时期发扬光大的重要家风。凡是为了国家变得强大而奋不顾身的后代，大都成为何氏家族优秀的代表。

正因为此，在何厚吾以后，何氏家族便十分敏锐地察觉到了时代的变化，不再主动参加科举，而是鼓励后代从新的方向读书报国。

何厚吾在对待自己的弟弟何澄读书的事情上十分认真，一直为何澄提供条件。甲午中日战争之后，光绪二十三年（1897年），何厚吾回到直隶安平县担任知县。在古代，如果父亲不在世，长兄就是家里的长辈，为了能够使弟弟接受好的教育，何厚吾将何澄送到保定莲池书院读书。莲池书院是当时直隶最好的书院。后来，何厚吾还为何澄自费到日本留学提供资助。这是何氏家族读书风气的巨大转变。

科举考试在当时还没有结束，参加科举考试也还是读书人的主流选择，大多数人仍旧认为，一个人要想有前途，就必然要参加科举考试。这也是正常的心理。毕竟那个时代，还很少像现在这样，三百六十行，只要做得好，都能得到社会的认可与尊重。

主持莲池书院的人是吴汝纶。吴汝纶是安徽桐城人，同治年间的进士。在当时的中国是数一数二的文章家，曾经长期担任晚清地方大员曾国藩、李鸿章的幕僚。据称，曾国藩、李鸿章二人的诸多著名奏章都是出自吴汝纶之手。自光绪十三年（1887年）开始的十多年里，吴汝纶将全部精力都放在了莲池书院的建设上，直至去世的前一年才卸任。

吴汝纶利用自己掌握的人脉四处为书院筹集款项，并且一改之前曾经作出的必须有秀才资格才能进入书院学习的规定。正因为这样，没有秀才身份的何澄才能进入书院。如果换在以往，何澄必然是无法进入到这样的书院，而只能在私塾里学习。正是在莲池书院的经历，改变了何澄的一生。

在吴汝纶主持之下的莲池书院，虽然仍旧称为书院，但是面貌已经焕然一新。此时的莲池书院，不仅继承了传统书院的特点，比如用考试的方式督促学生广泛读书、重视古典文章写作等，而且在教育内容上大大扩展，增加了“西学”的内容，教育形式也灵活多样。

当时，迫于内忧外患，教育改革日益受到重视，中央政府除了直接开办像京师同文馆这样的新式学堂，教授西方科学技术和外语之外，还提出“书院改学堂”的政策，希望将遍布全国各地每一个州县的书院改成新式学堂。吴汝纶是当时国内数一数二的“懂教育”的人，在莲池书院进行的改革一直被认为是中国教育发展史中具有代表性的事。

一般来说，传统书院主要以古典文本的学习和整理为教育内容，也就是以“四书”“五经”等儒家典籍的解释为主要内容，优秀的书院兼及经史子集的研讨。大部分书院都是以古典文章的写作为最终目的，在书院学习过的学生大都能用古语言写一手漂亮的文章。

这固然是应对科举考试的需要，实际上也是出于实用的目的。因为在当时，人们口头说的语言和实际文章中写的语言差别很大，远比现在的口头语和书面语的差别要大。凡是公文、私人书信等文本类的内容都使用古语言，也就是现在所说的文言文，但是人们平日口头说的话类似于《水浒传》《红楼梦》这些白话著作中的语言。就像今天学习文言文并不那么容易一样，清代的人学会用古语言写作也不是容易的事情，需要长时间的练习。书院在担负应试教育的同时，实际上也训练了学生的语言能力。

当时的文章写作实际上分为几类，一类是应对科举的八股文写作，称为“时文”，也就是“当代实用文章”，实际上除了用于科举考试，一般却用不到；一类是模仿古典著作中的文章而写的文章，这在当时称为“古文”，古文写得好者，就像今天公文或论文写得好者一样，便会在政府机关、科研院和平日的生活中很受欢迎。

这两种文章在文学史上往往被认为是水火不相容。许多文学史著作认为“古文”派对“时文”的写作展开过激烈的批判，实际上这只是像当代人批评应试教育一样，批评归批评，批评完了，每个人还都要参加考试。实际上，不管是“时文”的写作，还是“古文”的写作，方法都是类似的，都要求能理解先秦经典中的思想，并且能够模仿“圣人”，或者模仿这些作品的写法。

相比之下，“时文”，也就是常说的八股文对表达能力的要求低一些。因为“时文”有明确的框架，也就是有几个固定的部分，写起来有章可循，因此比较简单，只要按照框架套就行了。而“古文”与现代的散文比较类似，看似简单，实际上要求“形散而神不散”，尤其是没有固定的框架，却又要求能够模仿圣贤的口气，写起来很不容易。

除了这两类用古语言写作的文章，还有一种文章是白话文章，像《水浒传》《红楼梦》等白话小说，就属于白话文章。中国文学史常常讲唐诗、宋词、元曲、明清小说。在今天的人看来，白话小说是清代文学的重要部分，不过在当时，白话文章是不入流的。这可能就像今天的各种报纸、期刊、著作上很多正式的文章才被认为是主流，但是许多年之后，也许那些流传于网络的不正式的“段子”却变成了21世纪初期“中国文学的代表作品”一样。

当然，文学与政治、社会，乃至教育的实际需要往往并不是同样的逻辑。当时的书院不教白话文章，也不允许学生读这类书。所谓“书不读秦汉以下”，传统的教育者要求学生只阅读先秦经典著作，这些著作属于“圣人”的话语，只有这样，学生才能更加接近圣贤的心灵和圣贤的境界。大概类似于今天西方的所谓的“永恒主义”教育思想。“永恒主义”教育家们认为只有读那些经过历史考验的名著才是有意义的，被称为“名著仔”。

在中国，这其实有特殊的意义。先秦经典著作形成的几百年里，中国的语言从单纯的文字变得有了思想，并且大部分汉字的各类用法经过先秦的几百年，都开始逐渐固定下来，在之后的上千年间里，只是形成了一些小小的补充。从现在经典著作中汉字的用法可以看到，在先秦的几百年里，几乎每个汉字的用法都在发生着剧烈的变化。这种变化实际上意味着思想的剧烈变动。与后代著作相比，先秦时期的著作拥有非常丰富的思想创新。

在理论世界，新的概念或一个词的新的用法的产生，是新思想产生的主要载体。如果几乎所有的汉字都没有产生新的用法，那么这些著作的理论创新程度便不可能太好。因为说来说去，还都只是原来有过的概念。所以先秦著作产生的时代，是中国思想变化最剧烈的时代，也是中国思想形成的最主要的时代。读这些著作对加深一个人的思想，从深层次理解中国语言，具有重要的意义。

当然，八股文要求“代圣贤立言”，也正是出于希望考生理解先秦思想，深度理解中国语言的考虑。当一个人可以更深地理解中国的语言及其背后的思想之时，在一般社会和人生道理上，会比没有经过这方面训练的人对一般事物理解得深。这是科举考试的理论依据。

可以说，这几乎就是西方政治思想史的开山著作《理想国》，以及后来许许多多的带有理想色彩的政治理论著作提出的政治目标。可是终究因为人的思想太过复杂，要想形成统一的标准实在困难，于是绝望了的近代西方政治思想家，才引导近代西方政治制度寻找现实可行的治理路径实现国家的稳定。

当代西方的公务员考试制度也是受到科举考试的影响，但是与科举考试有着根本不同。考生们参加考试，最终考中的是办事员，而不是官员，只相当于考中了在清代被人看不起的“胥吏”。在清代，考生参加科举考试，考中举人或者进士之后，可以直接担任像知县这样的官员，比如何思温考中进士之后，直接担任七品官员。也就是说，清代的“胥吏”由各级政府考察、选拔、任命，而官员是从考试中形成，比如所有知县以上的汉族官员都是科举考试出身，绝大部分拥有举人以上的功名。

这与当代完全相反，当代的“胥吏”是通过公务员考试考得的，而官员则是通过其他途径产生的。当代的“胥吏”就是官员的储备库，而清代的“胥吏”很难成为正式的官员，这也是不同之一。在当代一些所谓的“民主”国家里也有文官考试制度，与科举考试的主要区别在于主要官员是通过老百姓“投票”选举出来的，而不是通过考试产生的。

当然，科举考试最终是为了选拔官员，而不是选拔思想家，官员是否需要拥有这样深刻的思想，这是有争议的。毕竟官员从事社会管理或者社会服务，是在从事一项“实践”活动，而不是单纯的思想活动。相比之下，似乎是演讲能力很强、在人际关系上八面玲珑、具有很强的社会活动能力的人，而不是思想家才更能处理好复杂的社会问题。所以，科举制度，也就是通过考试来考官员的制度，曾经只存在于“纯洁”的中国古代社会中。

第八章

从军从政又从商的何澄

何澄是何氏家族完成从古代到近代转变的关键人物之一。首先他本人在哥哥何厚吾的影响下，放弃了科举考试，改学对国家有实际帮助的农业，再后来改学军事，并且参与了辛亥革命，参与了北伐战争中的华北调停，参与了中原大战各方调停，还参与了华北危机的中日调停。其次，何澄的八个子女都选择将读书作为志业，不仅在新时代发扬了何氏家族读书的家风，而且这些子女也成为新时期引领中国科学发展的重要人物。

第一节　弃古文　改学武

何澄出生于光绪六年（1880年），是何厚吾的三弟，比长兄何厚吾小26岁。光绪十一年（1885年）前后，何澄父亲去世的时候，长兄何厚吾才20多岁，而三弟何澄尚未满10岁。在此前后，何澄一直在灵石两渡村，按照传统私塾的学习内容读书学习。

光绪二十年（1894年），何澄随大哥到东北辽宁其父亲或者叔父曾经生活的地方居住，仍在当地私塾读书。没多久，甲午中日战争爆发，日军突破鸭绿江进入中国之后南下，辽宁变得兵荒马乱。于是尚未成年的何澄被长兄送回京城，在族兄何乃莹的住所居住，以逃避战乱带来的危险。此时的何乃莹是顺天府尹，而何厚吾则回到东北参加抗日战争。

之后，受到长兄何厚吾的推荐，何澄来到直隶省会保定的莲池书院求学。此时，主持书院的吴汝纶已经在书院内开设了东文学堂、西文学堂等具有“面向世界”意义的教育科目。此时的莲池书院不仅有外国教师，而且还有外国留学生在书院学习。这在当时全国的书院中是很“先进”的。

何澄选择了东文学堂，学习日语，当然同时也要学习一般传统书院所学的古文。这或许是受到其兄何厚吾曾在战场上与日本军队生死对搏的影响，或许是受到甲午战败之后，中国出现的留日学潮的影响。不管怎样，选择学习东文，便意味着何澄从此走上了与参加科举考试完全不同的道路。在何氏家族传承数百年的参加科举考取功名的道路上，从此出现了小小的变化，何澄开始在另外的方向为传承何氏家族读书的家风而努力。

何澄像

何澄在莲池书院学习了一段时间之后，也遭遇了义和团事件，并受到严重影响。由于莲池书院开设外文课程，书院内也有外国人，视外来事物为仇敌的义和团成员，将莲池书院作为了重点攻击对象。义和团成员直接闯入书院，进行破坏。其中，东、西文学堂受到的破坏尤其严重。书院的教学无法继续下去。

随后不久，八国联军进驻保定。莲池书院的学生星散各地。主持书院的吴汝纶也离开保定，到别处避难。而何澄则又一次从保定来到京城的教子胡同，在何乃莹处住下。不过此时的何澄仍旧坚持继续学习日文，并且决定自费到日本留学，这一想法受到何厚吾的大力支持。

光绪二十八年（1902年），何澄跟随吴汝纶一起踏上了赴日本的邮轮。这一年，吴汝纶受管学大臣张百熙等人委托，到日本就教育问题展开系统调查。吴汝纶回国之后的几年，国内掀起了开办新式学堂的热潮。

在日本，何澄首先进入东亚商业学校学习，之后又改学农业。日本在当时是中国革命党的重要大本营，由于不断接触革命党人，何澄的思想也开始发生变化，而之前是没有任何资料显示何澄愿意通过暴力手段结束当前政权的。从世界范围来看，自19世纪以后，全世界绝大多数国家要想获得独立，或者要想推翻帝制，无一例外都要采取暴力行动，早年英国那种用和平变革的方式改良政府的时代早已经成为历史了。在革命党人强大的宣传攻势之下，在东京学习的何澄逐渐接受了“革命”的思想，并成长为革命党骨干力量。

何澄本名何厚惆，正是在日本读书期间才改名何澄。“澄”的意思是“澄清天下”。据《世说新语》记载，东汉晚期的陈蕃字仲举，“言为士则，行为世范，登车揽辔，有澄清天下之志”。何澄选择“澄清天下”的方式是弃文从武。不久之后，他转学到了日本陆军士官学校。

何氏家族数百年来一直以读书自励。在科举时代，读书绝对离不开科举考试。何澄的特殊经历导致他不再愿意参加科举考试了。一方面，他看到在参加科举考试上十分成功的族叔何乃莹，虽然终于当了高官，但是一次不小心对国家形势做出了错误判断，便被剥夺了官位，打入“冷宫”，甚至可以说何乃莹是慈禧太后处理义和团事件，向“洋人”讨好的替罪羊。为官之路充满艰险，数百年来，何氏家族担任高官的仅此一人，却遭遇如此。

另一方面，更重要的影响来自其哥哥何厚吾的经历和国家的危难。何厚吾在辽宁参加抵抗日军战斗的时候，日本军队已经兵临城下。如果不签订割地赔款的条约，单以战斗力而言，日军实际上很容易就能攻入京城。已经有多年读书经历的何澄自然明白这一切。

这样兵临城下的历史在中国历史上也曾有过，不过曾经的危难一直都是来自北方草原民族，这一次却换成了岛夷之国——日本。中国社会正在发生剧烈的变动，中华民族正处在生死关头，这恐怕是导致何澄选择不再继续参加科举考试的根本原因。

何氏家族参加科举考试的道路，到此终结了。尽管这时候，中国的科举考试还没有结束，绝大多数读书人还将读书考科举作为最重要的事情。

日本陆军士官学校是当时日本最重要的军事学校之一，培养了大批后来的侵华日军的将领，比如曾经担任侵华日军总司令的冈村宁次、日本陆军大臣土肥原贤二、日本关东军总司令官板垣征四郎等。日本陆军士官学校在当时也为中国培养了很多著名的军事将领，何澄本人后来也曾经担任过军事将领，除何澄外，像蔡锷、蒋百里、孙传芳、阎锡山、何应钦、汤恩伯、程潜、孙元良等也毕业于这所学校。其中主政山西数十年的阎锡山一直非常信任何澄这位老乡兼同学，何澄也利用这层关系参与华北调停。晚年的何澄曾在阎锡山处挂名，每个月领取500元钱，等于吃空饷，可见其交情之深，信任之笃。

在那个时代，赴日留学的人很多，而且大部分人都有一腔报国的热血。在初中语文教科书中就有鲁迅写的回忆性文章——《藤野先生》，描述其在日本留学的一些具体内容。在日本留学的鲁迅曾经数次转换专业，

何澄墓

先是学习军事，后来学习医学，再后来则转到文学创作领域。他所创作的文章，在很长时间内成为学生高考作文复习的必备“论据”材料。何澄改变所学专业也是在这样的背景下。

当然，每一个现任政府都不希望看到暴力行为。但是“冰冻三尺，非一日之寒”，大量暴力行为的出现永远都不是一朝一夕的事，晚清的政局糜烂已经经历了几十年。有志之士在眼界大开之后，才发现一切的一切都归根于政府的无能。在这种情况下，一部分人选择暴力革命，这是当时的社会风气所在。在日本留学的人尤其如此。

何澄正是处在这样的环境下，所以在日本留学的何澄除学到商业和军事知识之外，更重要的是结识了一大批有思想、有作为的人。其中对何澄影响最大的可能是孙中山。光绪三十一年（1905年）八月二十日中国同盟会成立，十多天之后的九月二日，何澄便加入了同盟会。介绍何澄加入同盟会的人，正是当时同盟会的核心人员，后来为中华民国的建立立下汗马功劳的黄兴。

之后，孙中山指示同盟总会选拔军事骨干，组织“铁血丈夫团”，何澄与温寿泉、阎锡山等人入选。

光绪三十四年（1908年），何澄从日本陆军士官学校毕业回国，开始了在中国的生活。

第二节　何教习　懂军务

何澄回国的这一年是光绪三十四年。这一年十月，慈禧太后和光绪皇帝先后驾崩。自义和团事件以后，清政府再一次开启了改革的阀门，并且力度越来越大，但是仍旧远落后于社会的期望。以暴力推翻政府为目标的革命党的势力却影响越来越大。日本东京是革命党最主要的大本营，很早就加入同盟会的何澄当然也是认同暴力革命的一员。

经过多年“变法”，清朝中央政府从地方政府手中收回了部分军权，包括一些地方军校的管理权。位于保定的军官学校就从原来归直隶总督改属中央的陆军部。回国之后，何澄首先在保定的军官学校担任教师。这所军官学校在收归中央所有之后，名称也从“北洋陆军速成武备学堂”改为“通国陆军速成武备学堂”。此时的陆军速成武备学堂共有一千五百余名学生，二三百名教师。

现在有关资料显示，何澄曾经在这所学校教过军事理论课。何澄自编的讲义《野战筑城讲授录》仍有几十页残存的手稿保存至今。从手稿中可以看到，何澄反复对比日本、德国与俄国几个国家在实战中使用炮兵的方法，以及对如何操作才能使炮兵与步兵实现最有效的协同展开分析。在何澄举的例子中，最重要的就是几年前的日俄旅顺之战。

位于辽东半岛和山东半岛之间的海峡是中国京津乃至华北的海上门户。旅顺位于辽东半岛的最南端，控制着辽阔千里的渤海。由于山东半岛一侧被庙岛群岛封锁，军舰要想进入渤海，必须从辽东半岛一侧，也就是旅顺南部的海峡经过。旅顺所在地本身岩石贴近海岸，两侧的山脉环绕形成狭窄的通道。要想进攻旅顺，必须要经过这一狭窄的通道，所以易守难攻，是京津在渤海的天然屏障，绝对的兵家必争之地，被军事专家称为远东第一要塞。

甲午中日战争之后，俄国趁机要挟，认为俄国在日军退出辽东半岛上对中国有所贡献，于是要求清政府有所补偿，与清政府签订了《旅大租地条约》，占领了旅顺，并且投入巨资，使之成为俄国在远东地区最重要的军事港口。日俄战争爆发后，日军投入13万人，强攻旅顺，最后以5.9万人伤亡的代价攻占旅顺。在旅顺战役中，日俄双方的表现都有一些失误。日军过于轻视俄军在旅顺的防守，一味要求强攻，步兵与炮兵配合不充分，造成了巨大的伤亡。从俄国方面来讲，在防守中，所有炮兵和海军都收缩在堡垒、要塞中，导致防守要塞的陆军与炮兵、海军不能形成有效的协同。

日俄旅顺之战是军事上具有借鉴意义的重要战役，一直是近代军事课的重要内容，也是何澄在保定的陆军速成武备学堂所讲的内容中最重要的一部分。从讲稿中可以看到，何澄的讲稿既有讲解和对比，也有对日本、俄国、德国军事思想的分析，还有自己的观点，可见其在日本军校的课程学得十分扎实，并非只是一味地“搞革命”而忽略了学业。

在清代末年，科举考试已经被废除，但是进士、举人等头衔仍旧保留下来。按照最初的规定，学生从京师大学堂毕业，就奖励进士出身；从实业学堂毕业，奖励举人出身；从中学堂毕业，奖励岁贡出身。这些出身同样可以像原来的进士、举人一样得到诸如知县、翰林院编修、各部主事等工作，所以同样有意义。

对于留学海外的学生，也有类似的办法。按照光绪三十四年的规定，凡是在国外获得学位的人，回国之后，如果希望做官，需要参加两次考试。第一次考试之后，根据成绩授予进士、举人等头衔，并且根据所学的内容，在头衔上增加商科、工科等名号，比如商科进士、工科举人等。第二次称为廷试，根据廷试成绩分配工作。

不过，这时候中国的政局已经危在旦夕，尤其是地方各省权力过大，加上中央政府在推进改革中对自治的提倡，本来人数就十分有限的中央政府和地方政府更加无力，地方社会变得更加尾大不掉。所以，中央政府对于功名不再像清代初年那样严格控制，这就导致举人、进士遍地都是。

作为留学归国人员，何澄也参加了上述的考试，考试结束之后，分配到陆军部军谘处工作。这时候，中央的官制已经做出了改革，原来“六部”之一的兵部改为了陆军部。军谘处是很早就成立的部门，最初即是作为从兵部到陆军部改革的协调机构，所以军谘处比陆军部设立得还要早。

何澄来到陆军部不久，辛亥革命就暴发了。在清末，全国各地都按照新式军队的要求训练出了一大批新军，这些新军的建制与现代军队十分相似，只是名称不同。所有新军分为十几个“镇”，这个“镇”并不是指现在的“乡镇”，而仅仅是一个建制单位的名称，一个镇大约相当于现在的一个师。辛亥革命从新军的一个“镇”最先爆发，这个“镇”是新军第八镇下属的一个营。革命的过程是这个营的士兵受到革命党思想的影响，攻占了湖北总督府，于是宣告湖北脱离清政府，并且选举出了都督等领导人。

随后，响应革命党的地区越来越多，在没有出现大面积流血战争的情况下，全国除袁世凯直接控制的华北几省外，大都公开宣布脱离清政府，建立独立的政府。可以说，辛亥革命全过程背后思想文化潮流的味道远胜于暴力革命的味道。在这样的革命方式之下，得到好处最多的是老百姓，否则，依靠像以往的“统一”战争，必然导致无数生灵涂炭。但是各省独立，遭殃的是国家，因为所谓的各省宣布独立，实际上主要由于各省早就形成这样的局面了。早在十多年前的义和团事件中，东南各省就形成了东南互保的局面。当时，凡是中央政府下发的，各省认为对各省稳定不利的诏书，各省便一致宣布诏书是假的。

从东南互保的形势来看，辛亥革命来得还是晚了些。因为革命毕竟会带来混乱、分裂，大部分有志之士还是希望国家能够尽量维持稳定、统一的局面。

1911年，何澄在上海响应武昌起义，任沪军二十三师参谋长，该师是当时上海最高军政机构沪军都督府的直属部队。蒋介石在当时是该师下属的一个团长。所以，何澄可以说是亲自参与了辛亥革命，但是具体的细节不得而知。

民国以后，何澄一度追随孙中山，参加讨伐袁世凯的护国运动、护法运动等军事行动，之后退出军界，于1913年，定居于苏州。1915年，何澄在苏州开办了益亚织布厂，生产一种新式布料。何澄成了一名商人，他的益亚织布厂生产的布料一度远销东南亚。

第三节　在官场　多抵牾

1928年，北伐战争结束，北方政局重新“洗牌”。何澄从国家的立场出发，游说阎锡山改易旗帜，拥护南京政府。之后，阎锡山成为北伐之后北平、天津、山西和河北几地政局的主导者。由于何澄与阎锡山是在日本留学期间的同学，且是老乡，何澄在华北统一的过程中也出力不少，所以在统一之后，担任了沧石铁路工程局局长。

当时的铁道部在南京，铁道部下设机构主要是各个铁路局，每一个铁路局负责一条铁路。由于铁路在当时的各类交通运输中占有竞争优势，与国计民生，甚至军事方面关系紧密，所以铁路局也算是要害部门。

不过，何澄所在的铁路局根本没有铁路，所谓的沧石铁路，是指从现在的石家庄到沧州的铁路。在清朝末年，从北京到汉口的平汉铁路（最初叫卢汉铁路，从卢沟桥到汉口）和从天津到南京浦口的津浦铁路早已经通车，成为国内最重要的两大干线铁路。这两条铁路分别将中国北方和长江下游、长江中游连接起来，成为京杭大运河长江以北河段逐渐废弃之后，连接南北方的运输大动脉，沧州和石家庄分别位于这两条铁路上。

在修建平汉铁路的同时，连接山西和河北的正太铁路也开始修建，比平汉铁路晚一年通车。山西的煤通过平汉铁路，北上南下。如果能够再修建沧石铁路，将平汉铁路和津浦铁路连接起来，那么山西、河北、北平、天津之间就构成了铁路网，对于北方地区的交通建设、经济发展具有至关重要的作用，比如山西的煤炭将可以通过津浦铁路北至天津，南至南京。

沧石铁路从计划开始，持续了二十年，一直没有修起来。民国时期，各地军阀和中央政府之间的利益关系敏感而复杂。北伐结束初期的中央政府本身也是各方势力妥协的产物。不同部门之间钩心斗角，国家事务每每因此而耽搁。铁路修建因为耗费的资金数额巨大，每每离不开外国资本，所以涉及的问题更加复杂。沧石铁路的修建也是如此。

何澄出身于科举世家，一贯安守本分，何氏家族的后代即使做官，也多是中低层亲民官员，很少进入高层，也不甚懂得官场的权力纷争。担任沧石铁路工程局局长的何澄，只是一心着急修建铁路，却忽略了当时复杂的政治环境，所以几年下来，一无所获，最后不得不辞职了事。

在何澄担任沧石铁路工程局局长之前，沧石铁路修建计划已经被提出过很多次了，每一次都因为种种原因受到限制。

第一次是清代，早在平汉铁路修建之时的光绪二十八年（1902年），德国就提出希望修建从山东德州到河北正定的铁路。几年之后，清朝中央政府在讨论这条铁路的时候也认为，如果无法筹措足够的资金，就应该向德国借款。

第二次是袁世凯担任总统期间。1913年，一位叫曹祯祥的商人希望能够筹资修建这条铁路，这一计划引起当时省政府的重视，并将计划上报到交通部。随后，筹资计划被反复讨论了两三年。交通部认为，由于修建铁路所需资金太多，曹祯祥筹措的资金远远不够，加上有人举报说曹祯祥实际上暗通日本资本家，有出卖国权的嫌疑，所以这一计划最终被否定。

第三次是五四运动前后，此时是徐世昌担任总统期间。1919年，时任交通总长曾毓隽提出通过发行国债的方法修建石德铁路，徐世昌批准了这一计划。随后成立了“沧石铁路发行公债筹备处”，但是实际上也离不开日方的资助，这一计划也因引起舆论反对而搁浅。

第四次也是在徐世昌任职期间，这一次修建计划与当时的干旱有关。1920年，由于北方地区大旱，不少人提出通过以工代赈的办法，由政府出资，老百姓出力，修建沧石铁路。当时的国会批准了这一计划。这年11月，沧石铁路正式开工，但是不久之后，就因为资金不济而不得不停了下来。此时的沧石铁路已经花费160多万元，路基已经修好，但是一根铁轨都没有铺。

1922年，直隶议员提出议案，认为沧石铁路自停工以来，路基日渐毁坏，非常可惜，所以希望省政府与交通部协商，继续修建。之后，政府曾经希望借英国、法国、比利时等国家的资金，但是遭到“亲日派”的反对。

第五次是曹锟担任总统期间。1923年，徐世昌总统任期结束，由亲英美的所谓“直系派”的大员曹锟接任。时任交通部路政司司长的赵德三再一次提交了“沧石路线待筑与筹划进行办法胪陈”，在这份文件中，赵德三认为：

> 沧石路基曾耗二百余万元，刻已数年，间有坍塌之处；倘再迁延，势必全归堙圮。敷设路基之款，尽赴东流。可惜孰甚。我国国民经济力量薄弱，募以半载，始达全部预算三分之一，其余二成，仍必仰赖于外资。

不过这些理由到了军阀们的手里便成了可资利用的工具。曹锟的弟弟曹锐和曹锟的手下吴佩孚希望借沧石铁路的名义，向英国借款，以筹集军费。虽然双方的谈判一直秘密进行，但是不久之后便被曝光。号称以“发扬民国之精神，延长民国之寿算，除民国之恶魔”为理想的《民国日报》刊出了《沧石路借款作军费警讯》，说“吴佩孚以沧石铁路名义，向英国借款五百万，已于二十三日签字，此借款将全部提充对奉军费”。计划遂遭到全国反对，再一次搁置。

第六次是段祺瑞执政期间。1924年，曹锟因为兵变去职，亲日本的所谓“皖系”大员段祺瑞担任“临时执政”，实际主持当时所谓的中央政府。这时候从广东开始的北伐战争已经开始了。此时的北京临时政府交通总长为叶恭绰，他出面成立了沧石铁路工程局，但是实际上只是一个空名字，刻好的公章一次都没有用过。

第七次的情况更为荒唐，前几次的借款协议都因为反对之声迭起而未能达成，此次终于达成，并且是同时达成了两份协议。1926年以后，北京政府被“直系”军队和东北“奉系”军队控制。沧石铁路由于非常重要，再次被提上日程。

在此期间，当时的山东督办张宗昌以“直鲁联军总司令”的名义将沧石铁路的路基抵押给法国，以此向法国借款筑路，当然实际上是为了筹措军费，扩张军队。不久之后，所谓的“奉鲁联军副司令”褚玉璞与张作霖一起又与比利时草签了一份协议，将沧石铁路路基抵押给比利时，借款1500万元。在当时，这种以子虚乌有的抵押物向外国银行借出大批贷款，最后财物两空的情况时有发生。

到1927年，北伐军队已经进入山东，控制了北京，之后开始与东北方面进行和平谈判。于是南京政府交通部发布命令，撤销所谓的沧石铁路局，局长调往他任，副局长以下全部下岗。

待“东北易帜”，北伐完成之后，沧石铁路局再次成立。此时的南京政府各部长人选，在经过一番讨论之后形成，孙中山的儿子孙科出任交通部部长。此时的何澄满心以为自己早年曾经追随孙中山参加同盟会，并且是当时的骨干力量，与孙科的合作至少会很融洽，但是实际上低估了当时政治的复杂程度。

1828年，何澄公开阐述了自己对修建沧石铁路的看法。这条铁路从提出计划到现在已经二十多年了，国家经历了数任总统，这次一定要早日完工，为振兴华北地区的经济做出贡献。

可是修铁路需要大量资金，于是向中央政府提交铁路修建的计划。经过何澄的努力，沧石铁路成为与粤汉铁路、陇海铁路并列的第一批要修建的铁路。政府希望从多个渠道筹集资金，一方面截取一部分海关税收，一方面利用“庚子赔款”的退款，一方面发行国债。其中划拨给沧石铁路的费用为1600多万元。这样，沧石铁路的修建就有了充足的资金保证。可是本来已经发布的修建计划，却迟迟不见动静。

原因何在？当时中央政府只是获得了名义上的承认，对长江中下游以外的各省影响力很有限。各省地方大员手握重兵，在各项决策上不顾中央的考虑，而向中央叫板，所以限制地方军队的发展是当时最迫切的事情。以修建铁路的名义筹集军费，在此前已经发生过多次。何澄与阎锡山关系很好，所以何澄如此迫切地想修建沧石铁路，必然会被怀疑是受到阎锡山的指使，将修建铁路变成地方事务，以修铁路为名而筹集军费。

得不到中央拨款，于是筑路心切的何澄开始想办法与国外银行接洽。他选择了法国和日本的两家公司，并且向交通部提交了法国和日本两方的借款合同书。交通部认为日本的合同相对较好一些，法国的则断断不能接受，但是日本的合同也需要再修改。

接下来，何澄便与日本的银行进行了谈判。1929年7月26日，何澄把修改后的与日方达成一致的借款合同当面提交给孙科部长，孙科认为仍有一些细微的地方需要修改。同时正式发下批文：

> 呈悉，仰依照二次修正标准再向该公司接洽，俟得圆满解决，即订定草约，呈俟核办可也。此批。

拿到批文之后，何澄继续与日本方面进行谈判，并且草签了合同。在何澄看来，这份借款合同的条件很好，日方完全不干预具体的业务，只派出两名会计。但是孙科看了合同之后，再次做出的批文，却完全推翻了之前的允诺：

> 呈悉，沧石线为国有铁路，不能改为民办，所请疑难照准，仰即知照。

看到这样反复不定的决策，何澄非常生气，于是亲自找到孙科理论此事，孙科迫于无奈，只好推托说，提交给他的合同没有附件，等提交了附件之后再说。可是最终仍旧没有了下文。

此时中国内部的决策层可能已经感觉到了日本的野心。比如在北伐过程中，日本曾经想尽办法阻挠，在北京制造出“三一八惨案”，之后又出兵山东，造成中国军民1000多人死亡的“济南惨案”。在东北方面，日本竟然采用暗杀的方式炸死东北军司令张作霖，这是“东北易帜”之前发生的事。

在全国统一之后，日本控制中国东北的步伐大大加快。中国政府感觉到中国与日本之间难免再有一次战争了。铁路在当时的战争中具有非常重要的意义。日本早已经控制了哈尔滨至长春的铁路管理权。如果再控制华北的铁路，可能会对将来的华北问题埋下隐患。所以中央政府才不希望向日本借款。

当然，何澄虽然曾经留学日本，但是却对日本没有任何好感，也绝没有通过修建铁路为阎锡山筹集军费，或者借此亲近日本的动机。在抗日战争全面爆发之后，何澄宁可忍受战乱和流离，也坚决拒绝日方的聘请。

尽管孙科对于沧石铁路的修建犹犹豫豫，希望由中央出面修建，但是直到抗日战争全面爆发，日军占领河北、山东为止，沧石铁路一直都没有修建起来。而最终修建沧石铁路的却是日本人，今天的石德铁路，正是日本在占领华北期间修建的铁路之一。

第四节　是文人　恋故土

从1913年开始，何澄在苏州建造了名为“两渡书屋”的住宅，由于子女众多，后来又陆续建造了名为“灌木楼”的房子，成为何澄在苏州的家。后来，由于担任沧石铁路局局长，并且参与华北事变的协调，所以何澄在北平也建造了一处房子，经常住在北平。不过，何澄的夫人王季山认为北平的房子没有苏州的“两渡书屋”和“灌木楼”好，所以她一直住在苏州。而何澄有时在苏州，有时在北平，有时到其他地方出差。

1937年，抗日战争全面爆发前夕，由于何澄曾经留学日本，结识不少日本人，所以一直往来南北各地参与协调华北危机。但是最终中国在华北事件上仍旧进入了十分被动的局面，日方对中国的情况了如指掌，而中国对日本的意图却没有力量做充足的准备。

在这种情况下，身在苏州的何澄，有一天被突然闯进门的政府人员带走，并关押了起来。不用说，有人怀疑何澄也是日本人买通的间谍之一。

虽然身陷囹圄，但是何澄并没有受到肌肤之苦，在监狱中也受到优待。

当时的人都清楚，日本对于侵略中国蓄谋已久，所以各种间谍和情报人员遍布中国各个部门，甚至连当时的行政院长汪精卫本人的机要秘书黄浚都是日本间谍，对中国构成了巨大的威胁。黄浚也曾经留学日本，回国之后，通过老乡林森认识了汪精卫，并且受到汪精卫的赏识，专门负责对日的相关工作，后来一步步成为汪精卫的机要秘书，经常为国防军事会议作记录，掌握着大量军事情报。黄浚曾经将中国准备扼守江阴要塞、各战区司令长官所在地，甚至蒋介石本人的行踪等重大情报透露给日本。比如由于扼守江阴要塞的消息泄露，导致当时停留在长江各处的大批日军战舰逃出长江口，给抗战初期的中国造成巨大的损失。后来黄浚被中国政府抓捕，于1937年10月被执行枪决。

何澄被逮捕也是在这期间。由于遍地都是日本特务，在战争开始之后，凡日本人都被关押起来，但曾与日本有紧密关系的人也都是被怀疑的对象，何澄也不例外。当然，经过调查，何澄并不是日本的奸细，而且对国家一片忠心。不久之后，何澄被放了出来。

1938年，日军占领苏州，数万老百姓全都外逃到了城外的光福镇，日军要求外逃的人在一周之内回到城里，否则便要到光福镇杀人。逃难的人希望何澄出面跟日本人讲明情况，何澄不得已到苏州城内与日军见面。回到家里，何澄发现家里已经被日军搜查过，丢失了很多东西。何澄与当时的日本驻上海领事馆的少将武官原田熊吉是同学，于是写信给原田熊吉，希望能够帮忙搬家，从苏州搬到上海。

在此之后，在中央政府的授意之下，何澄参与了与日本方面的秘密谈判。这些事情在当时属于国家绝密内容，现在也很少有人了解，所以也不甚清楚何澄到底做了哪些工作。自1937年之后，日军倾巢出动，入侵中国。中日两国一直在打仗，双方的军队拼死战斗。比如淞沪会战，中国军队伤亡三十万人，日本方面伤亡数万人，后来又发生过多次大型会战，双方都投入数十万兵力。比如武汉会战日军死亡五万多人，中国方面死亡二三十万人，这样的局面不可谓之不惨烈，中日双方在打仗上不可不谓之拼尽全力。但是在此期间，双方仍旧保持着联系，进行着一系列的秘密谈判。

可能中日双方都认为，反正谈判花不了几个钱，对方愿意谈就跟着谈，就算没有效果，也至少不会有什么损失。所以直到中日战争变成了世界大战的一部分，日本与德国结盟，中国加入美国所在的阵营，双方的谈判才最终结束，当然谈判也没有什么成果可言。

1940年，太平洋战争爆发，美国开始正式支援中国抗战。何澄又回到苏州，闲暇之余，将苏州园林中的网师园购入。此前，何澄常常到网师园去，与张大千等文人墨客谈诗论画，后来通过别人介绍将网师园购买下来，投入了大量资金进行修缮。

今天的网师园是苏州古典园林中最著名的园林之一，是第一批入选世界教科文组织《世界自然与文化名录》的园林。当时只有四处，分别是拙政园、留园、环秀山、网师园。

不过，何澄买入网师园的时候，这处园子还不是很有名。因为直到民国时期，苏州园林的数量一直都十分庞大，网师园只是上千处园林中的一处。在民国后期，因为张大千等著名的文人墨客经常在网师园集会，写诗

网师园景色

论画，交流心得，所以渐渐广为人知。

苏州园林本来是一些文人为自己建造的住所，因为建造得好，所以被称为园林，后来不同的园林屡经易手，渐渐从具有实用功能的住所变成了像古玩、字画之类的艺术品。何澄购入网师园也是将园子作为一种艺术品，而不是作为住所来对待的。所以何澄对网师园投入了巨大的精力，但是却一天也没有住过。

在私有化时代，如果不是真的热爱文化，而是希望赚钱，那么可以通过购入一件别人不甚了解的文物，然后转手出让，从中赚钱。购入之后便不需要投入资本。但是购入一处园林，即使这处园林已经很完善，也需要不停地投入资本，进行维护。园林是活的文物，所以购入园林的人，大都是出于对园林的真正的热爱。

更何况，何澄购入网师园的时候，正值中日战争最艰难的时候。国土不断沦丧，即使将园林精心装饰一番，却还不知道哪一天可能就会被战争破坏掉。可是看到网师园一天天倾颓，何澄还是于心不忍，于是出重金购买，并且对网师园内外的环境进行了整修。购置、增添了园子内部厅堂、亭阁中摆放的物品。尤其是何澄作为民国时期著名的文物收藏家，将自己保存的古玩字画充实到了园子里。网师园由此再获青春。

到1945年夏，何澄离开苏州，希望能回到山西灵石故乡看一看。自从赴日本留学以来，何澄一直非常牵挂家乡，甚至在苏州建造的房子都取名“两渡书屋”，自己为人题字，落款也常用“两渡村人”为号。何澄的孩子们，大部分是在这个“两渡书屋”出生的。随着年岁的日益增加，何澄越发挂念故乡，但是始终没有机会再回去。

在何澄抵达北平时，日本宣布无条件投降，抗日战争突然就宣布结束了。此时何澄的身体状况并不甚好，不过他很清楚，抗日战争虽然结束了，但是中国的前途，也还没有那么乐观。1946年的春天，他给二女儿何泽瑛写信说：“东三省虽云好转，不过由急性症变为慢性病了，中国亡不了亦好不了，欲望太平，实难实难!”

这时候，正太铁路也没有正式通车，想去山西也很困难，所以何澄只好暂时留在北平。张大千在颐和园的养云轩内为何澄租了三间房，于是何澄住进了颐和园，并且为颐和园的景致所吸引，写信说“必在此玩得兴尽即归苏矣”。许多年来，何澄与张大千的关系一直很好。据何澄的小女儿何泽瑛回忆，她们小时候曾经用张大千画的画折纸飞机玩，张大千也毫不恼怒，可见关系之融洽。

1946年5月11日，何澄在颐和园突患脑血栓，家人赶忙将其送到城里的东交民巷法国医院，最终抢救无效去世，享年66岁。

《灵石县志》的作者评论何澄“才高气壮，遇事不小就”，这是何澄一生处事的写照。他在日本学习军事回国之时，中国处在军阀割据和抗日战争乱世之中，可是作为同盟会早期骨干力量的何澄，并没有加入到某一派军阀集团中，而且在北伐统一、中原大战等关键时期，为协调各方关系往来奔走，不遗余力。在北伐统一之后的和平时期，何澄希望能为国家做一点实际事务，却受到种种限制，以至于沧石铁路无疾而终。

之后，又遭逢抗日战争这样前所未有的战乱年代，可是何澄却能完全不为所动，不计回报地专心做着纯粹的文化事业，如此的气定神闲，如此的胸怀和魄力，显示了其文人的本性与何氏家族读书传家的良好素养。除非是一个出身于文化世家的人，否则在极端惨烈的战争期间，生命尚且无暇顾及，维护园林更是无法想象的事情。

所以，在抗日战争期间，何澄对网师园的保护正是大家风范的最好体现。其实何澄在此期间，经济状况并不是很好，但是对文化的热爱，让他并没有从经济的角度考虑问题，并没有将全家的糊口作为最高追求。

新中国成立之后，何澄的子女经过商量决定将网师园及其内部所有财产全部捐给国家，其中文物共有952种1374件。在这些文物中，绝大部分都是价值极高的珍贵文物。网师园连同这批文物的价值可以说是无法用金钱计算。将这样一笔巨额财富完全捐给国家，可以说是一个时代的壮举，也是古来所罕见的。

何澄、王季山夫妇共生育了10个子女，其中两个男孩幼年夭折。其他

8个子女都选择了读书做研究，所学的专业无一例外都是自然科学。

何澄常说："我有8个儿女，将来分别让他们到八国联军打败我们的国家去学习，等学到比我们好的科学技术后，再想法打败他们。"后来因为抗日战争爆发，中外联系越来越困难。所以，只有年长的4个孩子曾经出国留学。

长女何怡贞，中国最早的物理学女博士之一。

长子何泽明，从20世纪30年代初，在日本东京帝国大学留学近十年，从东京帝国大学研究院毕业，回国后到重庆中央机器厂任工程师，后来曾经担任北方工业大学副校长。

次女何泽慧，在德国与法国留学，高能物理学家。

次子何泽涌，20世纪30年代庚子赔款留学生，在日本庆应大学医学部。回国后到山西抗日的大本营山西女子医学院任教，后来长期在山西医科大学任教。著名细胞学家。

三女何泽瑛，南京中山植物园副研究员。

三子何泽源，毕业于苏州工业专科学校。后来任太原纺织厂副工程师。

四子何泽诚，毕业于华北工业大学工学院，上海地质仪器厂高级工程师。

五子何泽庆，1944年考入清华大学物理系，毕业后成为长春地质学院最受学生推崇的教授之一。

由于日本发动了侵华战争，何澄的三儿子何泽源、四儿子何泽诚和三女儿何泽瑛失去了出国留学的机会，这使何澄的理想没有完全实现。

第九章

何氏女德之何怡贞

读书的内容可以随着时代的变迁而变化，但是读书永远都可以对社会起到作用。在古代社会，读书是权力分配的重要环节，是社会道德的重要维系方式。在现代中国社会，读书除了与社会阶层流动直接相关，还与现代社会息息相关的生产力直接相关。在传统社会，女子读书大多以识字和提高修养为目的，到了近代社会，中国社会才接受女子上学读书。所以何氏读书的风气一直存在。何氏家族长期对读书的重视，是何氏后代中的女子在读书的道路上取得成就的重要因素。

第一节　女德兴　有基础

何氏家族像传统时代的每一个家族一样重视女德。这些内容体现在《何氏族谱》中。在传统时代，所谓的女德，是指对于女子在道德上的特别的要求。一般来说，女子要么不读书，即使读书，也不需要学写“八股文”或者古文，而只需要读一些道德类的书即可。

传统社会不允许女子接受主流教育，不允许女子参加科举考试，这并不意味着不重视女子的存在。只是，那个时代的中国人，有自己的一套与现代社会不甚相同的性别观念。比如古人认为，男子为阳，女子为阴，那么在社会事务分工上应该有所不同。这样就形成了所谓“男耕女织”或者“男主外，女主内”之类的社会传统。

按照《何氏族谱》的要求，本家族的女子应该“摘《内则》中家常日用、明白易晓之说，并先代《女训》《女诫》等篇，闲时细为讲究，使之观法”。

《内则》也是“四书”“五经”的内容，是《礼记》中的一篇，是早期儒家对家庭内部关系的详细叙述。与其他篇幅不同的地方在于，《内则》很少讲抽象的天地阴阳、君君臣臣、父父子子之类的大道理，而是只关注细节。《内则》不仅仅是对女子提出要求，而且也对其他家族成员提出了要求，比如《内则》讲“男不言内，女不言外”，这是对男子和女子提出了同等的约束。《内则》也不单单是提出了诸如“女子出门，必拥蔽其面”之类的约束，而且提到了诸如“夜行以烛，无烛则止”之类的安全常识，所以《内则》是早期儒家思想家从细节出发，写下的一篇家庭生活注意事项。凡家庭生活，从饮食起居，到子女教育，无所不包。

在家谱的编写者何思温看来，这样围绕家庭生活，而且很少涉及抽象道理的内容是很适合女子阅读的。当然，实际上《内则》也是一篇有两千多年历史的文献，要想读懂，也需要花不少时间才行。

《女训》《女诫》是比《内则》晚一些出现的女子教育文献，比如《女诫》分为“卑弱”“夫妇”“敬慎”“妇行”“专心”“曲从”“叔妹”等部分，是从生活的各个方面对女子提出的要求。

尽管《何氏族谱》认为“余家世守淳朴，女教与男教并重”，但是相比之下，女子读书的分量要远远低于男子。“四书”“五经”不需要全部读，历史社会知识也不需要了解，只需要读历史上流传下来的经典女子读物即可。而且，主要内容围绕家庭展开，围绕对女子特别的道德要求展开。在这样的教育之下，至少可以保证家族内部形成以男子为中心的结构，实际上是以女子的忍让为基础造就的家族内部的和睦。

在古人看来，女子应该在家庭内部关系中处于从属地位，这就像后辈应该尊敬长者一样，是一种天经地义的事情。古人认为，一位后辈处处表现出对长者的毕恭毕敬，但是这位后辈自己并不会感觉到这是在被压迫或者被欺负，而且会感觉到自己是在做一件很文明、很有荣誉的事情一样。

《何氏族谱》还对本家族的女子提出要求，希望女子减少外出，不要招惹无关人员。“不讲其他，若游春、聚谈、观剧、看灯、入寺庙烧香念佛经更为可鄙”，“至外边尼姑、师婆、卜妇等类更当严绝，不可令其出入招说是非”，减少这样的活动，也可以保证家族内部少一些是非，进而保证家族的稳定。

男女关系在任何社会都是最敏感的关系。《何氏族谱》所讲的只是那个时代的缩影，传统时代，尤其是宋代的社会理论家认为，以最严格的姿态针对不良男女关系，甚至都难以杜绝不正当男女关系的出现，如果放松警惕，问题会更严重。男女关系破坏意味着家族被破坏，家庭的破坏意味着整个社会结构的破坏。所以，减少女子外出成为减少问题的一种选择。

有天地，然后有男女；有男女，然后有夫妇。男女关系是家族得以存在的根本关系，家族的稳定必须建立在夫妇关系稳定的基础上。从这样的角度来说，儒家社会用最严厉的姿态维护夫妇关系的稳定，最大限度地减少男女之间不正当关系的发生，正是出于对家族稳定的维护。

因为传统的儒家社会与当代社会有着根本的不同。传统儒家社会所有成员以家族成员的方式出现在国家之内，当代社会成员以个体的形式出现在一个综合体的社会上。家族实际上分担了一部分国家要担当的任务。所以家族的稳定与社会稳定有着直接的关系，如果家族无法稳定，社会必然混乱。

所以，传统时代社会的稳定是以家族的稳定为基础的，而家族的稳定是以女子做出巨大的牺牲为基础的。当然，现在社会也会有提倡女子应该相夫教子，做“专职太太”，但是在观念上认为女子就应该在家中从属于男子，不能接受主流教育等，这些并非是主流做法。

不过，一个人拥有优秀的道德品质，本身就意味着能够站在对方的角度考虑问题。站在积极的层面来看，作为传承数百年的名门大族，何氏家族的女子得到的教育，恐怕不是一种以“曲从”他人的习惯，而是一种尊重他人、宽以待人、严于律己的美德。这种美德在任何时代都是有价值的。一旦社会允许女子从幕后走上前台，何氏家族的女子必然会发挥其耀眼的光辉。

何澄有三个女儿，分别是何怡贞、何泽慧、何泽瑛，在当代科学史中被称为“何氏三姐妹”。三姐妹在固体物理学、原子物理学和植物学领域里，都为中国科学发展做出了极大的贡献。

长女何怡贞，1910年出生。1930年从金陵女子文理学院毕业后，到美国蒙特霍育克学院物理化学系留学，1932年获得硕士学位。1937年获得密歇根大学物理学博士学位。1949年11月回到中国。

次女何泽慧，1914年出生。1936年从清华大学物理系毕业后，到德国柏林高等工业大学留学。之后转到法国居里夫人实验室工作，1945年在法国法兰西学院发现了铀原子的三分裂、四分裂现象。1948年回到中国。

三女何泽瑛，1923年出生。1948年毕业于东吴大学生物系，后来报考台湾大学研究院，在解放战争后期返回大陆。一直从事种子学、植物形态学方面的研究。

第二节　进女校　万里赴

何怡贞的成长经历继承了何氏家族的读书传统，也受到其母亲所在的王氏家族的影响。何澄的夫人王季山同样出身于名门大族。王季山的父亲王颂蔚是光绪年间的进士，与叶昌炽、袁宝璜合称为“苏州三才子”。王颂蔚的祖上也曾出过十多位进士。先祖王鏊官至户部尚书、文渊阁大学士。

王氏家族为何氏家族带来了对读书更加重视，尤其对女子教育更加重视的风气。在何怡贞生活的年代，王颂蔚的妻子谢长达是著名的教育家。早在1906年，谢长达就在原苏州制造署的旧址上创办了振华女校。王颂蔚有五子五女，其中三子早殇，剩下的孩子大都学有所长。

长子王季烈，光绪年间的进士。后来则转学自然科学，成为自然科学家。

次子王季同，曾经留学英国，后在清华大学任教，是电机工程专家，中央研究院工学研究所研究员。

三子早殇。

四子王季点，毕业于日本东京高等工业学校，曾经担任京师大学堂教授（提调）。

五子王季绪，毕业于英国剑桥大学，是中国最大的机械工程专家之一，曾经担任北洋大学教务长，工学院代理院长。

长女王季昭，早年留学日本、美国，回国后在其母亲创办的振华女中任教。

次女王季茝，美国芝加哥大学教授。

三女王季玉，美国蒙特霍育克学院文学专业毕业，后在伊利诺伊大学攻读生物学，获生物学博士。

四女王季山，即何澄的夫人，何怡贞的母亲。

五女王季常，毕业于清华大学。

振华女校最初的办学条件并不好，谢长达四处筹集资金，还动员没有女子读书传统的周围地方的女孩子们进校读书。刚开办的时候，振华女校只有五个学生。

王氏家族的孩子和何澄的儿女都在振华女校接受小学阶段的教育。中学阶段因为只招收女生，所以王、何家族的女孩也在振华女校读书。

对振华女校贡献最大的当属王季玉。1917年，王季玉从美国获得博士学位，回国后接管振华女校校务，在原来小学的基础上增加了初中部分。1924年，经过江苏省教育厅批准立案，中学部分改名振华女子中学，搬入新校址。王季玉为振华女校的事业，终身未婚。有一次，王季玉在课堂上向自己的学生提及这一问题，说道“我嫁给了振华”。

1923年，王季玉为学校组织了董事会，其中蔡元培、费璞庵、胡敦复、李根源、张一麐、俞庆棠、竺可桢、王佩诤、贝时璋等社会名流都成为校董。当时中外著名学者如章太炎、胡适之、吴贻芳、贝时璋以及美国教育家杜威夫人、法国孟纳博士、美国罗索博士及夫人、英国剑桥大学院长佛莱女士等先后莅校指导讲学，对学校成就倍加赞誉。著名教育家陶行知先生曾评价说：“振华是数一数二的学校，是振兴女子教育最早的先锋。”

振华女校

王季玉治校很严。在学校里，学生不准吃瓜子、不准织毛衣、不准大声说话、不准到处乱跑，夏天甚至不准扇扇子。

20世纪20年代，振华女校改为振华女子中学之后，高级中学部分分为文、理两科，并设立了国学专修科。

为了让更多的女学生进入大学，接受高等教育，还要让无财力或学力进入大学的学生具备服务社会的技能，王季玉仔细研究适合女子从事的各个行业，以设计职业教育的学科课程。

振华女校还引进西方国家，主要是美国先进的课程设置方式，加强基础学科和科学、艺术教育，开设国文、数学、物理、化学、生物、历史、地理、体育、图画、音乐等课程，强调英语教育的重要性，开设高要求的英语课程，并用英语教授理科课程。同时，也不降低国学及传统文化课的要求。高中从二年级起，实施文理分科教学。

在这所学校里，学生在当代教育理念下完成各门功课的学习，同时可以学到古代中国学问。在这里学习的女生们必须要读像《论语》《孟子》这样的中国经典。

1934年，谢长达去世之后，蔡元培出席葬礼，并发表演说："先生一生事业最重要的，是对于男女平等权，最着力而最有实效。"

振华女校的校歌是：

播玙美质，琢之成圭璋，师友之益慎勿忘。

智圆德方，锻炼体魄坚且强，齐家治国身所当。

靳化天下为慈祥，三吴文物吾校荣光。

誓共淬励，予谋发扬，学业不可量，寸阴不可荒。

朴诚仁勇为世倡，吾侪志气摩穹苍。

国难纾兮风俗良，规模永，永垂无疆。

何怡贞也是在其外祖母开办的振华女校内读完中学的，她在这里读书一直到20岁。振华女校带给她的自强、质朴的观念一直伴随她一生。

在那个时候，高等学校的招生考试是自主招生，考生愿意上哪所大学，就到该大学去报名、考试，没有全国统一的高考。1926年，何怡贞20岁，这一年，她考入了金陵女子文理学院。这是一所近代著名的女子教会大学，校风严谨。何怡贞在大学阶段读的专业是物理学。当时，很少有女生选择这一专业。"物理学"这一名词才刚刚诞生，此前一直叫作"格致"。据记载，最早将格致改为物理，并且编写物理学教科书的人正是何怡贞的大舅王季烈。而何怡贞考大学的时候，大姨王季昭已经从清华大学物理系毕业。何怡贞的二舅、四舅、五舅等也都是物理学专家。也许正是受到了这样的影响，何怡贞选择了物理专业。

从金陵女子文理学院毕业之后，受到父亲的鼓励，何怡贞决定效仿她的二姨王季苣和三姨王季玉出国留学。两位姨妈听到这个消息之后非常高兴，四处帮助何怡贞联系学校和奖学金。最后，何怡贞选择了一所美国的女子大学，这就是何怡贞的三姨妈曾经就读的蒙特霍育克学院。

该校的系主任非常喜欢这位来自遥远的东方国度的女生。何怡贞毕业之时，系主任问她愿不愿意继续读书，何怡贞拿不定主意，说“想回家教书”，系主任说：“你才读这么一点书，就想回去教书？”并且告诉她可以拿到奖学金，不必担心费用的问题。于是在蒙特霍育克学院老师的帮助下，何怡贞顺利申请到了密歇根大学，4年之后，何怡贞获得了密歇根大学物理学博士学位。研究方向是从光谱的性质研究物质。当时，何怡贞是第一个为“钇”这种元素找到光谱性质的人。

不甚了解自然科学理论的人，可以把光谱学理解为一种用来更加精确地认识事物的途径。世间的物体，不论是气体、液体还是固体，都有各自不同的光谱，物体的性质发生变化，那么光谱就会发生变化。在一些情况下，不需要进到物体内部，甚至不用接近物体，通过光谱就可以非常清楚地认识物体。只要知道人类在光、温度、湿度、毒性、危险程度等各种条件上的承受力都非常有限，就可以知道，世界上有太多的物体可以依赖光谱来认识，而光谱对人类的生产发展也极其重要。

1937年，何怡贞博士毕业。这一年，抗日战争全面爆发，何怡贞回到了满目疮痍的中国。她先是在苏州，后来到上海公共租界，再后来则到北平。

第三节　师生恋　相扶助

1938年，何怡贞来到北京，先在北京师范大学教了几个月的物理学。由于其父亲何澄与燕京大学校长司徒雷登是旧交，于是司徒雷登聘请何怡贞到燕京大学教书。燕京大学当时的所在地就是现在北京大学中的“燕园”等地方，位于当时北京的效区，清华大学的西侧。当时的燕京大学与北京大学是两所不同的大学。北京大学在北京城里的中心地带，故宫北门外东北侧的景山公园附近。1952年，教育部对全国高等院校进行了大规模的调整重组，称为“1952年院系调整”。院系调整之后，北京大学整体搬入燕京大学所在地，而且扩展了原来燕京大学的占地，原来燕京大学所在地成为现在北京大学校园内最重要的部分。

在燕京大学教书期间，何怡贞遇到了才华横溢、比她小三岁的学生葛庭燧，两人的关系好了起来。但是这个时候，何澄将北京的房子卖掉，南迁苏州。于是何怡贞在1939年暑假便随父亲到南方去了。在此之后，何怡贞曾经在东吴大学短期任教，但是南方正遭遇比北方更加激烈的战乱。何怡贞感到在国内根本无法安静地开展研究，于是希望到美国去，寻找一个安静的环境，继续研究学习。她写信给在美国的老师，立马得到了回复，老师表示可以提供更好的位置。

何怡贞走后，在南方的一段时间里，葛庭燧给她写了许多封信，在信中表达了强烈的思念之情。第一封信写于1939年7月3日上午，这是何怡贞离开北京的第二天。从信的部分内容中可以看到两人在这段时间里已经有了一层模糊的感情了。

怡贞先生：

今天是和你离别的第二天，料想你已经上了轮船，在人声嘈杂中，轮船就要生火待发了。独自一个人坐在屋子里，出了一会儿神，凝视窗外的湖水，在微波荡漾中真好像是耸立着一只轮船。一阵微风吹过去，轮船不见了，怡贞先生离开了破旧的北国，湖中只剩下体育馆的倒影，若隐若现，和湖边的垂柳辉映着。天气阴沉沉的，但并不怎么闷热，海上的空气或许很凉爽吧？愿你有一个愉快的旅中生活。

昨天晚上和几位同学在化学楼南边散步，月色依然是那样皎洁，清风依旧是沁人胸襟，但我却感觉那样惆怅寂寞，忽忽地若有所失！这里到处都曾经印过women（女人）的足迹，现在却是景物依然，而“人面不知何处去”了。

溪中呱呱的蛙鸣，引起我无限的感触，团团的刺猬从我足边爬过去，更使我陷入深深的冥思！哎，我再也没有机会去按那沙沙的铃声了！我再也不能从那“呀”的一声门开了之中，看到那一张使我喜欢、使我爱恋的笑脸了！

……

不过，在葛庭燧看来，将来的事情一切还说不定。在他眼里，何怡贞老师外表端庄、出身名门、美丽大方，但是自己只是一个还没有毕业的穷学生。尤其是何怡贞离开北京之后，希望再一次去美国做研究。而葛庭燧在之后的信中讲，自己毕业之后，大约只能在燕京大学做一个研究助理，充其量在国内的研究机构找一份工作，出国的事情离他还很遥远。这样，两个人还不知道分别会走上什么样的道路。

但是在那样战火纷飞的年代，即使远隔千里，单靠通信，也能维持并且确立两人的恋爱关系。

人生的事情可能确实无法预料，不久之后，由于日军开始全面侵华，北京大学、清华大学南迁到湖南，又西迁到云南，组成西南联合大学。1940年，葛庭燧从燕京大学毕业，获得硕士学位。受到吴有训的邀请，到西南联合大学做教师。于是他离开了北京，前往昆明。在葛庭燧看来，自己已经毕业，并且谋得了一份体面的工作。接下来就可以光明正大地谈爱情了，于是在葛庭燧到云南之后的一年时间里，两人确立了恋爱关系。尽管这时候两人仍旧一个在长江头，一个在长江尾。

1941年5月，葛庭燧给从未谋面的岳父何澄写信，正式向何家求婚。

亚农老先生及夫人赐鉴仰瞻：

与令爱怡贞女士相识两载，蒙令爱熏陶感染，推心置腹使晚感铭五内。晚自北平来昆明后与令爱鱼雁常通，双方更有进一步了解，深觉彼此无论精神上、学问上、事业上均有结合之必要。

……

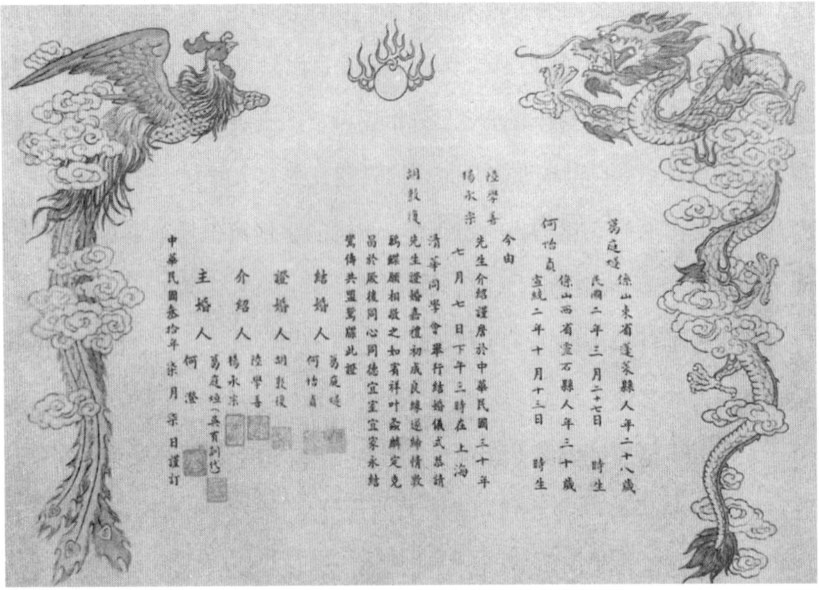
葛庭燧 係山東省蓬萊縣人年二十八歲 民國二年三月二十七日 時生
何怡貞 係山西省靈石縣人年三十歲 宣統二年十月十三日 時生
今由
陸學善
楊永宗
胡敦復
先生介紹謹詹於中華民國三十年
七月七日下午三時在上海
清華同學會舉行結婚儀式恭請
先生證婚嘉禮初成良緣遂締情敦
鶼鰈願相敬之如賓祥叶螽麟定克
昌於厥後同心同德宜室宜家永結
鸞儔共盟鴛牒此證
結婚人 葛庭燧 何怡貞
證婚人 胡敦復
介紹人 陸學善 楊永宗
主婚人 葛庭燧（吳有訓代） 何澄
中華民國叁拾年柒月柒日謹訂

何怡贞与葛庭燧的结婚证

这一年暑假，葛庭燧从云南赶到上海，与何怡贞举行婚礼。婚后不久，何怡贞获得美国的奖学金，决定再赴美国。而葛庭燧则决定自费到美国读书。何澄帮助葛庭燧买了船票。在美国期间，葛庭燧取得了巨大的研究成果。1944年，葛庭燧获得博士学位，受到麻省理工学院邀请，到该校光谱实验室参与美国国防委员会绝密项目“铀及其化合物的光谱化学分析”研究。这是当时美国制造原子弹“曼哈顿计划”的重要组成部分。正是因为保密的需要，几年间，何怡贞虽然收到了妹妹何泽慧从德国寄来的多封信件，但是却一直没有回复。何怡贞担心这样的通信会带来不必要的麻烦，因为原子弹研制之初主要就是针对德国的侵略的。之后葛庭燧又参与了多项与二战军事应用技术有关的研究，并且在物理学研究上取得了世界瞩目的成果。

新中国成立之后，何怡贞随葛庭燧回国，再一次来到燕京大学任教，而葛庭燧则在中国科学院应用物理研究所任研究员。葛庭燧在美国拿到光谱学博士学位比何怡贞晚5年，后来由于在研究领域做出了更加突出的贡献，所以在科学研究上的贡献和名声也超过了何怡贞。

1952年，应建设东北重工业基地的需要，中国政府决定在沈阳筹备成立中国科学院金属研究所，这是中科院第一个设在京外的研究所。何怡贞夫妇二人来到东北，一直在这里工作了二十多年。

“文化大革命”期间，因为何怡贞夫妇远离政治中心北京，所以在动乱中没有生命危险。但是“例行”的为难仍旧很多。沈阳的主干道上有一幅巨大的毛泽东画像，每天中午时分，所有的老科学家们都集体在这里向毛主席“鞠躬请罪”。所谓的“鞠躬”意味着要求所有人弯腰九十度，保持半个小时。但是由于何怡贞平日里谦逊的性格受到人们的尊重，连造反派都有意无意忽略了她每天是否迟到。1969年，何怡贞夫妇到辽宁盘锦垦区古城子公社夹信大队插队。

何怡贞对家庭的热爱体现在很多方面，她觉得自己比丈夫大三岁，到了晚年，担心自己会比丈夫先离开人世，剩下丈夫不会照顾自己，所以在年老之后，反而故意让丈夫自己刷碗，自己做饭，自己洗衣服。这种用心，后人讲起来每每为之唏嘘不已。

几十年来，虽然她经历过多次搬迁，从中国到美国及欧洲，也曾经因日军入侵而颠沛流离，但是她一直珍藏着民国时期父亲何澄写给她的信件、给她邮寄生活费的汇款单和各种照片、在美国两次毕业论文的原件、结婚证书等。在97岁高龄时，何怡贞还被评为“沈阳市家庭档案工作先进个人”。何怡贞甚至还精心保存着外祖母谢长达留下的一件清代朝服，后来何怡贞亲自将这件衣服捐献给母校苏州十中，这所中学的前身就是外祖母本人创建的振华女校。

命运总是那样不可捉摸，2000年4月29日，我国著名的物理学家葛庭燧先生在合肥医院去世，留下何怡贞一人度过余生。

第四节　启后学　严态度

在新中国成立初期，何怡贞利用自己在光谱学上的知识，与当时的钢铁工业相结合，对钢铁冶炼过程中的合金钢和炉渣进行光谱学的分析，不但填补了光谱学的空白，也解决了当时不少生产问题，还培养了一批科研骨干。其中在1952年到1953年期间培养的王桢枢、周熙宁、刘国钰、张功杼、徐升美五个人，号称“五线谱”。大约在1956年，何怡贞的这五位学生开完一次小组会之后离开办公室，一起走出大楼，何怡贞在后边锁办公室的门，她忽然有感而发说：“你们就像五条线谱。”因为当时刚刚参加完一次国际会议，学生们的表现得到一致好评，这是何怡贞对学生的极大鼓励。

从来到沈阳时起到“文化大革命”开始，何怡贞一共写下了13篇学术论文。1956年第6届国际光谱学会议在荷兰召开，何怡贞结合生产实践，写出两篇论文《钢的组织结构对光谱化学分析的影响》《杯形电极溶液电弧法用于平炉渣的光谱分析》，并在大会上宣读，受到了国际同行的好评。外国同行看到何怡贞娴熟、流畅的英语表达和缜密严谨的思维，无不对中国的女物理学家表示赞许。

由于何怡贞曾经是葛庭燧的老师，她的英文比葛庭燧要好，因此经常帮助丈夫修改英文论文。

有一次，金属研究所所长李薰叼着烟斗走进光谱实验室，何怡贞用严肃的语气要求这位资深所长掐灭烟斗，她平静地说："烟尘会污染实验室。"这位李薰所长，出身于读书世家，祖父是清朝的举人。早年在英国留学的时代，李薰就已经声名鹊起。二战初期，英国曾经发生过飞机在飞行过程中突然断裂的严重事故，李薰等人经过研究证实，飞机所使用的钢材断裂的原因是在钢材铸造的过程中进入了氢气。李薰研究出了除去钢材中氢气的办法，这对军事和民用工业具有重要的价值。

抗日战争后期，民国政府曾经希望李薰回国组建冶金研究所，但是因为种种原因未能成行。新中国成立后，直至1951年，李薰采取借道到香港，回到中国内地。1953年，周恩来总理亲自签发委任书，请李薰担任中国科学院金属研究所筹备处主任，之后又担任金属研究所所长，中国科学院副院长。

就是面对这样一位学问精良的行政领导，何怡贞在与学术有关的问题上丝毫不客气。这是从金陵女子文理学院和密歇根大学带来的严谨、认真的作风，在何怡贞身上得到了最恰到好处的体现。出身于读书世家的何怡贞，对于读书和从事学术研究，有一种天然的态度，这种态度要求她用最真诚、最严肃的态度来对待学术。

由于当时的学生基础大都不太好，很多仪器完全没有接触过。许多学生在何怡贞的精心培养下顺利地走上科研岗位，成为所在部门的重要力量。何怡贞带出的博士李晓光回忆道："当年何先生给我改论文，她修改过的红笔比我写的文章还多。"

还有的学生回忆何怡贞手把手教自己操作实验器材、手把手教自己做科研报告时说：她先在小范围内练习，然后在内容上一点点地指导并说明注意事项。

当然，最重要的是何怡贞在科研上的严谨。新手撰写论文，总要反复修改很多遍。画图纸总是画了又画，改了又改，可是到最后，在何怡贞老师那里仍旧不能通过，还要重新画。学生周熙宁回忆说：何怡贞老师教学生擦光谱仪器，教得非常仔细，一定要沿着一个方向擦干净，绝不能来回擦。

20世纪50年代，何怡贞带领的光谱研究小组承担了白云鄂博稀土矿的光谱分析。稀土的构成元素非常复杂，何怡贞亲自与学生一起对成千上万条谱线进行鉴别。张功杼回忆说："她当时指着投影仪的谱线对我们说，做定性分析必须要对每条谱线是由哪种元素发射的做出交代，不能放过任何一条谱线。正是这种细致、踏实、一丝不苟的精神，稀土矿的全成分分析工作及时完成。除稀土元素外，还测到了放射性元素钍的存在，这项成果对稀土元素的综合开发起到很大作用。"

1980年，何怡贞70岁，葛庭燧67岁，组织上希望葛庭燧到合肥组建中科院固体物理研究所。但是何怡贞不愿意去，她舍不下在沈阳的工作。私下征求女儿的意见，女儿劝她牺牲自己的工作。何怡贞对此表示很不高兴，但是最后仍旧随葛庭燧来到合肥。

何怡贞一生热爱科学，热爱研究，将研究事业作为自己生命的一部分。晚年的何怡贞每天都要看书，而且是英文原著，她还可以阅读法文、德文、俄文、日文的专业书。几十年来，何怡贞记笔记一直用英文记。

老一辈科学家留下的严谨求实的科研作风是一笔宝贵的财富，值得后辈学人永远怀念。

第五节　视金钱　如粪土

“文化大革命”之后30多年来，利己主义渐渐渗入到中国社会的每一个角落，遵守传统、遵守道德、克己利人的做法越来越成为最稀缺的品质。可是作为老一辈科学家的何怡贞，其身上始终保持了这种优秀品质。

家族传统对何怡贞优秀品质的形成有很大的影响。何氏家族、王氏家族作为传统时代的读书世家，将读书视为最正当的事业。在这样的传统之下，家族后代不将读书作为谋利的工具，而是将读书作为一种有意义的事情。尤其在近代社会自然科学研究进入中国之后，其对中国社会发展、经济建设能够发挥直接的作用，这更促使科学家将学术研究与热爱国家联系在一起。

这些因素造就了何怡贞端正的读书态度、严谨治学的风气。这样的态度表现在实际研究工作中，自然会少很多名利纷争，多很多淡然之心。

每每有人闻知，新中国成立之后，何泽贞代表何氏家族将网师园以及网师园内的财产分毫不留地捐给国家之时，大家无不为之动容。

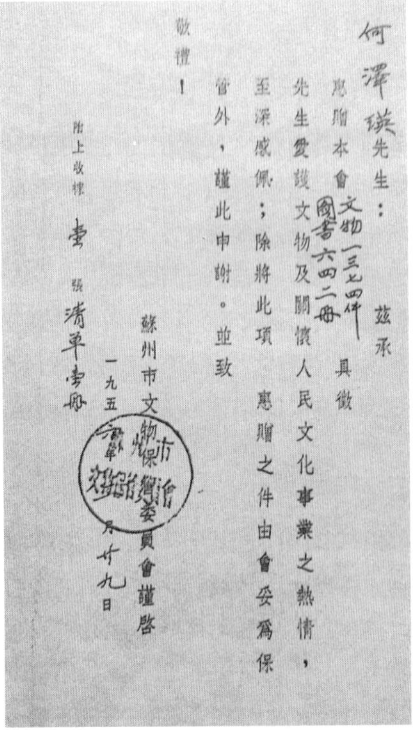
何澤瑛先生：
惠贈本會文物一三七四件圖書六四二册茲承具徵
先生愛護文物及關懷人民文化事業之熱情，
至深感佩；除將此項惠贈之件由會妥爲保
管外，謹此申謝。並致
敬禮！

蘇州市文物保管委員會謹啓
一九五[illegible]月廿九日

附上收據壹張 清單壹册

何氏家族文物捐赠证明

在何怡贞身上，后人能够看到真正意义上的名门大家的做派。何怡贞在美国留学十多年，可是曾经在一次表格中的“英文程度”上，填写了“一般”两个字。

何怡贞以及葛庭燧对物质生活的不屑，也许正是他们能够在学术上获得优异成绩的原因。何怡贞在合肥生活了二十多年，一套沙发用了几十年，一架老式收音机外壳开裂后就用胶布粘上。据说，何怡贞有很多独特的生活习惯，其中最出名的是“何怡贞汤”，这种汤其实就是在炒完菜，将菜从锅里盛出之后，再倒入水烧开。

可是如此地克制自己对物质的追求绝不是因为吝啬。何怡贞为灾民捐献的毛衣是新买的，而自己穿的衣服却是已经穿了二十多年的工作服。克己为人，这是最简单的道理，却是最难做到的事情，也是人类文明最重要、最明白的体现。只要一个人能够处处为他人着想，再用不着更复杂的理论，这就意味着文明。

葛庭燧在生活上的简朴程度更是令人吃惊。他用过的信封都要翻过面来再用，或留做其他用途。

有一次，葛庭燧、何怡贞和研究所的同事一起陪同一位联邦德国的专家和一位日本专家吃饭。5个人点了5道菜，全部吃光之后，葛先生提议再要5个馒头。大家不解，只有何怡贞理解丈夫的意思，她带头示范，拿起一个馒头，将盘里剩下的菜汤蘸干净吃掉。国内的同行也明白了葛庭燧的意思，可是两个外国专家始终没有勇气拿起面前的馒头。

研究所的人都知道，与葛先生一起出差，吃饭肯定是他埋单，菜可以随便点，但端上桌就必须吃完。一次，两位同事硬是无奈地把点的两大盆汤都倒进了肚子，以至于后来变得闻汤色变。不过葛庭燧在对待他人，尤其是对待科研的投入上，从来没有吝啬过。

因为对国家的特殊贡献，葛庭燧享受比普通知识分子稍高一点的工资。在艰苦的年代，研究者的工资大概只有几十元，有些学者家里人口多，有时老人、孩子生病，一个月还没有过完，工资已经花完了。有时候，很多人在月末都要到财务科借钱，但是办理借款的手续非常烦琐。何怡贞夫妇听说这种情况之后，随即拿出1万元钱放在财务科，供困难职工借用。

在何怡贞与葛庭燧的晚年，研究所派了专车每天接送两位老人上下班。有一天，葛庭燧对何怡贞说，所里派车接送主要为了照顾她，何怡贞听了很不高兴，反驳说："那不是照顾我，而是照顾你。"在何怡贞看来，自己比葛庭燧大，他是自己的学生，所里是照顾自己的。为了撇清自己，于是两位老人都拒绝坐专车，改为步行上下班。

何怡贞的女儿葛运陪回忆道："爸爸妈妈对普通员工，比如司机、水暖工总是非常客气，尊重他们的劳动。‘再见’‘师傅辛苦了’，是我们从小经常听到的。”

以身作则的家庭教育让何怡贞的两个孩子也走上了科学研究的道路。何怡贞的女儿是沈阳建筑大学教授，儿子葛运建是中科院智能机械研究所研究员、博士生导师。

严谨的科学思维甚至让母女二人在生活细节上出现不同看法。比如在烧开水的问题上，女儿与母亲之间也充满了科学的话语。母亲说，火苗的外焰温度很高，所以不是火苗越大越好。女儿认为，这个道理她也知道，可是如果火苗太小，水壶上部的水蒸发得太快，反而不容易烧开。

所谓的名门大家，绝不是空洞的口号。像何怡贞这样的人，自民国刚刚建立，便懂得女子绝不比男性差的“现代”道理，拥有宽广的视野和博大的胸怀，绝不会因物质财富的多少而改变对人生、对道德的理想。在何怡贞生活的家族，财富虽然是生活必需品，但绝不是人生终极的追求；也许是因为她曾经历过拥有巨额财富的感觉，因此对财富才变得不屑一顾。

然而这并不等于就会没有限度地挥霍财富，因为她更懂得财富在人生、社会中的真正意义。在何怡贞看来，财富不仅可以让人获得饱暖，而且可以显示出人的美德，贫穷不是邪恶的事，奢侈却是违背美德的事，只要是违背美德的事情，她绝不会去做，而不论是否会被笑话。这就是名门大家的做派。

在葛庭燧先生去世之后的第八年，2008年7月31日，何怡贞在沈阳去世，享年98岁。何怡贞先生在科学上的贡献或许终有一天会被人超越，但是其高尚的道德品质，足以令后人仰之弥高，值得后人永远瞻仰。

第十章

何氏女德之何泽慧

何泽慧是何澄的二女儿。当然也许不同学科领域之间没有可比性，不过笼统地说，何泽慧天赋可能更高，性格也更要强，在科学研究上做出的贡献也更大。何泽慧是钱三强的夫人，后人在介绍何泽慧的时候，经常提"这是著名科学家钱三强的夫人"这样的话。实际上，在德国、法国做研究期间，何泽慧做出的研究成果一点儿不比钱三强弱，几项关键的研究成果都是由何泽慧做出的，由两人共同署名发表。晚年的何泽慧对"钱三强夫人"这个名号不屑一顾。在何泽慧身上，可以看到何氏家族的大才女一生的真性情和非凡的才华。

第一节　腹诗书　气自华

何泽慧，1914年3月5日出生于苏州。在何氏家族，本来到何泽慧这一辈，凡是男孩则名字中须带有“泽”字；凡是女孩，则名字中须带有“贞”字。何泽慧的弟弟们名字中都带有“泽”字，而何泽慧的姐姐叫何怡贞。按说何泽慧也应该叫“何某贞”才对，但是到何泽慧出生的时候，家里认为男孩、女孩应该平等对待，统一排“泽”字，所以何泽慧以及何泽慧的妹妹取名都按照“泽”字排了，何泽慧的妹妹叫何泽瑛。

像何澄的其他子女一样，何泽慧自6岁开始到振华女子中学读书，一直到中学毕业，在振华女子中学一直学习了12年。在这所管理严格、中西并重的学校里，处处具有女校的特色。有一些文献与何泽慧有直接关系，比如1930年出版的《振华女学二一级刊》上，刊登有何泽慧自编的数学题。其中一道“平方分割”的题目如下：

一个老妇人，有十一个女儿。到了她生日，女儿们想合做一条正方形的棉被一起送给她们的母亲，作为寿礼，商量每人做一块，都要正方形的，大小可以随便。后来果然合成了一条格子被，长十三方格，阔十三方格。在女儿方面，必须有极巧妙的心思才能做成，你能把一个正方形的格子分出十一人的方块吗？

此外，振华女校还保存了一次秋游之后何泽慧写的散文，名为《旅行杭州记》。原文如下：

余尝爱姑苏之灵岩天平，以为此外遂无奇秀。第闻浙江之杭州，名胜甲天下。然至今未尝一游也。庚午秋，与同学百余人，作杭州五日游。湖山灵秀，胜吾灵岩天平远矣。

西子湖以其位于杭城以西，故又名西湖，为诸胜之冠。浩浩荡荡，湖水团聚，群山纠纷，画舫点点，若秋叶之于大海上，浮荡其上，诚仙境也。

……

从上述的习作可以看到振华女校学习的内容之一斑。

1932年，何泽慧从振华女子中学毕业。同班同学认为应该在母校留下一些纪念，于是她们在母校西花园修建了一条小路，表示毕业之后的同学都要去开辟新的道路。在花园中，留下了何泽慧亲笔写下的小篆体“仁慈明敏”四个大字。这一石刻一直保存到今天。

临行之前，同学们合唱《离别母校歌》：

母校乎三吴女宗，轶众超凡迥不侔。我侪到此启愚蒙，寒暑往来春夏秋，研经绎史无休。凭高吊古含愁，藏修还资息游，藏修还资息游。

母校乎朴仁勇，煌煌校训绰留，冀能易俗且易移风，春膏时雨洵优游，中外古今通邮。天涯海角漂游，离群索居堪愁，离群索居堪愁。

……

后来，振华女中改为了苏州十中。现在苏州十中校内的实验楼被命名为“泽慧楼”，以纪念曾经在此求学的何泽慧。

在何泽慧中学毕业考大学的时候，先是报考了浙江大学。当时全国比较好的大学都在各地的主要城市设立考点，举行招生考试。何泽慧又到上海去参加了清华大学的招生考试。据何泽慧回忆，她报考浙江大学时，有800名考生，只录取了她一个女生，报考清华大学时，有3000多名考生，也只录取了除她之外的振华女中的其他几名女生。

这一年，清华大学物理系一共招收了28名学生，其中有7名女生。系主任是叶企孙。清华大学物理系不是那么容易就能考进的。在当时，学生考上清华大学物理系之后，还必须经过叶企孙亲自面试，面试过关才能进入物理系学习，开始学习的一年之内如果考试达不到要求，就不能继续留在物理系。

对于何泽慧来说，更麻烦的是，叶企孙认为中日战争可能不久就会爆发，将来的物理系可能要考虑服务于战争的需要，女生最好不要再学物理了，于是主张将7名女生全都转到其他专业去。直到晚年，何泽慧仍旧称叶企孙为“老封建”。

清华大学物理系对学生学习一年不能达到要求就要退出的规定不是假的，到了第二年，原来考上物理系的28个人只剩下12个人，到最后毕业的时候则只剩下10个人。何泽慧是其中3名女生之一。在这10个人中间，就有何泽慧未来的丈夫钱三强。

何泽慧在清华大学读书期间，正是日本加紧谋划侵略中国的时候，东北三省已经沦陷，华北的局势开始进入危机状态。在《何梅协定》签订之前，日本军队甚至直接开到了北平城下。面对这样的形式，各校的学生纷纷举行示威游行，以表达对政府的不满，实际上也是因为恐惧。但是何泽慧从来不出去参加示威游行，而是一直专心学习。这得益于清华大学物理系教师们的教育，比如叶企孙一直不赞成学生出外参与政治活动，他认为只有科学才能救中国。

何泽慧的父亲何澄写信给她，认为“中国人（不仅学生）多昧于环境，忽于利害，以为高调可以打倒一切，以为有欧美可以抵抗一切，真太幼稚。恐祸在目前，尚麻木不绝，大难一到，则唯有逃走，可怜可恨”。在华北危机期间，何澄担任北平政务整理委员会高级顾问，多次往返日本协调关系。曾经在日本留过学，且曾是蒋介石的老师的他，对日本的野心比其他人更了解。

何泽慧不参与学生运动并不是不爱国，也并不是不了解局势，更不是害怕危险。在1933年日军兵临城下，大多数学生都逃跑不敢回学校参加考试的情况下，何泽慧仍旧平静地在学校学习，很有其父亲何澄的风范。

在毕业之前，班上的男生都找到了工作。尤其当时南京新设立了兵工署弹道研究所，但是兵工署出于工作上的考虑，根本不考虑招收女生。于是，何泽慧决定到德国去留学，学习军事应用物理——弹道学，专门研究子弹、炮弹怎么打才准，目的只有一个，把日本军队打跑。

她说：“兵工署不要我，我自己去找那德国军事专家的老祖宗去。”

当时担任兵工署署长的俞大维便是出身于德国专家的门下。

何泽慧选择德国有多种原因，虽然当时的德国已经由希特勒统治，但是与日本尚没有建立同盟，而与国民政府的关系非常好。在20世纪30年代，中国上下都知道中日之间迟早要有一场大战，但是此时的中国太过落后，所以一方面加紧发展经济，一方面加紧训练军队，尽最大力量购入先进武器，其中最重要的武器进口国便是德国。

另外也可能因为何泽慧对日本和美国一直没有好感，何澄曾经教育子女说："日本人士凶恶恶，可是手段是明的，硬的，傻的。譬如说吧，他用鞭子打，叫你向他磕头。可是美国人是阴险的，暗的，有手段的，不用鞭子打，用一套甜言蜜语，结果你就自己甘心向他磕头，结果是一样的。"

1936年9月，何泽慧坐火车途经西伯利亚，前往柏林。她找到俞大维的老师、曾经帮助中国建立弹道研究所的克兰茨。克兰茨并不同意她学习弹道学，因为这在当时属于军事机密专业。何泽慧说："你能够到中国帮助中国建立弹道研究所，帮助中国打日本，为什么我就不能学习弹道学打日本呢？"

克兰茨是"现代弹道学之父"，很同情中国的遭遇，于是收下了这个女生。这是德国柏林高等工学院物理系第一次招收女生。何泽慧在德国学习的这段时间，中国国内的局势急转直下，不久之后，抗日战争全面爆发。此时的何泽慧仍旧对毕业时不能进入兵工署耿耿于怀，在写给何怡贞的信中说道："不是中国兵发炮、发枪不准吗？其实只要我一算，一定百发百中，他们不早些请我去，不然日本兵早已退还三岛了。"

何泽慧不是吹牛，她在德国期间研究的专业正是枪炮运动轨迹，博士论文题目就是“一种新的精确简便测量子弹飞行速度的方法”。1940年，何泽慧获得了博士学位，她想立马赶回中国。可是在1939年，第二次世界大战欧洲部分也爆发了，德国禁止任何人离境。此前的何泽慧专注于研究，疏于了解外部的局势，终于吃了亏。多年来潜心研究的对国家来说非常重要的技术，在关键时刻却用不上。此时的中德关系也急剧恶化，1938年，德国承认伪满洲国。1940年，德国又承认汪精卫伪政权，年底，中德断交。

第二节　在东方　居里妇

何泽慧再也联系不上远在万里之外的父母了。这时候，她想起清华大学的同班同学钱三强正在法国，于是便写信给钱三强。钱三强便向何澄转告了何泽慧在德国的情况。一直焦急等待消息的何澄写下了“七年不见音书少，消息平安老父心”的诗句。

众所周知，钱三强是新中国研制核武器的建设关键人物。此时的钱三强正在法国巴黎大学镭学研究所攻读博士学位，导师正是大名鼎鼎的居里夫人。1940年，钱三强通过了答辩，获得博士学位，但是同样滞留在欧洲。

滞留在德国的何泽慧只能继续从事研究。从1943年开始，她转到海德堡从事核物理研究。这样，她与钱三强的联系更加紧密了。两年之后，作为清华大学同班同学的两人的爱情终于成熟。何泽慧让钱三强给她的姐姐何怡贞写一封信，把两个人的情况说明一下，并让何怡贞转告父母。

可是钱三强从未见过何怡贞，但没有办法，于是就这样冒昧地写了一封很糊涂的信。信中讲了两人在研究上的合作之后，接着说："泽慧因为有点儿小孩脾气，所以叫我向您报告我们的决定，并且希望您能有机会时，代向堂上报告。"接下来钱三强又谈了自己的打算，以及如何离德、如何回国之类的问题。

信的最后，钱三强似乎实在不知道该怎么写，于是说："泽慧的意思是叫我将我的'情形'告诉您，请您转告堂上，我不知道说什么好，只好写一点'履历'罢。"然后将自己受教育的经历罗列在了信的最后。

何怡贞将这封信转回苏州，何澄看了两遍，却还不明白是怎么回事，不过何泽慧的母亲王季山一看信就明白了，随即表示同意，说泽慧总算有了着落。这其中的关键在于何泽慧与钱三强两人对科学的热爱。那时钱三强和何泽慧都已经四十多岁了。

不过何泽慧与钱三强仍旧分别滞留在德、法两国，直到1946年春天，何泽慧才终于离开德国。1946年4月8日，两人到巴黎中国驻法国大使馆办理结婚手续。当晚在巴黎郊区的一家饭店举行结婚晚宴。

约里奥–居里夫妇出席了这场晚宴，约里奥先生在席间说道："钱三强先生与何泽慧女士都是学原子核物理的，这种结合将来一定会在科学事业中开花结果。大家都知道，居里先生和居里夫人开了一个先例。我和伊来娜也接受了'传染'，我们感到这种'传染'对科学是非常有利的。"

这里的约里奥–居里夫妇是两次获得诺贝尔奖的玛利亚–居里的女儿及女婿，玛利亚–居里的女儿伊来娜–居里嫁给了也在居里实验室工作的弗里–德里克–约里奥，所以两人有时被称作约里奥–居里夫妇，分开称呼则分别是伊莱娜和约里奥。约里奥–居里夫妇在1935年也获得了诺贝尔奖，这在科学界一直被传为佳话。

钱三强多年来一直在居里实验室工作，婚后的何泽慧也来到居里实验室，与钱三强一起研究核物理学。这样，钱三强与何泽慧就像上述的居里夫妇一样，属于夫妻两人都研究核物理学的典型了。所以何泽慧和钱三强在国内被称为“东方的居里夫妇”。

1947年，钱三强凭借之前取得的成绩，获得法国国家科学院研究中心研究导师。在当时，研究人员有研究助理、研究员、研究导师、研究主任四个级别，研究导师极少有外国人获得。一般情况下，获得这一级别的人都会选择长期留下。但是钱三强和何泽慧则一直希望回国。

在此之前，主持北京大学的胡适与钱三强会面时曾经说北京大学要组建全国原子能研究中心，希望钱三强夫妇能够到北京大学工作，并且汇来800美元做路费。胡适列出的八九个世界第一流的希望聘请的人的名单中就有钱三强与何泽慧，称何泽慧“成绩与其夫相埒”。因为在法国期间，虽然钱三强首先提出了铀的分裂可能存在多种方式的理论，但是率先在显微镜下发现铀的三分裂和四分裂现象的是何泽慧。这些成果多以夫妻二人的名义共同发表。钱三强获得研究导师的主要成果也正是这些方面。

之后，清华大学、北平研究院也发来聘书和500美元的路费。最后钱三强选择了留任母校清华大学，而何泽慧则到北平研究院。

1948年，钱三强与何泽慧乘坐轮船抵达上海，之后又来到苏州，此时何澄已经去世，何泽慧的大姐尚在美国。母亲和弟弟、妹妹看到何泽慧回到苏州，都非常高兴。直到这个时候，钱三强才知道原来平日一贯十分简朴的何泽慧竟然出身名门，而且家中拥有价值连城的网师园，不禁感慨万千。

钱三强与何泽慧在苏州住下之后，清华大学校长梅贻琦亲自拍电报到何家，“苏州十全街151号何宅转钱三强先生，盼早日来校并示行期”，因为清华方面很担心南方的某个大学或者研究机构留住钱三强不放。

新中国成立后，北平研究院原子学研究所合并到了中国科学院原子能研究所。在之后的屡次政治运动中，性格倔强的何泽慧宁可扫厕所也不肯承认无中生有的歪曲、诽谤。尽管有诸多的困难，何泽慧仍旧与钱三强一起参与并领导了中国的原子弹和氢弹研究事业。

第三节 危难中 真性具

“文化大革命”开始之后，何泽慧的研究工作完全停止。先是在研究所内参与劳动，1969年到山西农村的“五七干校”劳动，1972年6月才回到北京。随后参与了高能研究所建设，但是再没有直接从事过正式的学术研究活动。

以“无中生有”的罪名中伤他人的“大字报”是那个时代的标志。受到蛊惑或者心怀叵测的人，将对他人的诋毁用大字写出来，公开张贴在最显眼的地方。诋毁的内容无所不包，不考虑任何道德底线，也不考虑法律规定，甚至包括个人隐私。被诋毁的人不仅百口莫辩，而且这些诋毁的内容往往被作为一个人真正的“罪名”，由专人组织加以分析批判。在威逼的方式之下，受诋毁的人被迫承认各种“莫须有”的罪名，而这些罪名又成为新一轮诋毁的“理论基础”。极尽诋毁之能事的人受到领导上下的欢迎和器重，不想中伤他人者，则被指名为“某某反革命集团分子”。

“文化大革命”之初，诋毁何泽慧与钱三强的“大字报”铺天盖地、成千上万地被贴在研究所外边的墙上。管理当局甚至将诋毁何泽慧的“大字报”汇编起来送给她看。有一次，何泽慧组内的一位成员说：“外边有一张大字报，说何先生穿的衣服是丑化社会主义。”在这样的情况下，人人都为自己“莫须有”的罪名感到恐惧，又因为人口流动受到管制，无处逃避。

多年来，何泽慧为了国家建设，从条件优越的法国国家研究院回到中国，用尽全力一点点建起科学研究基地，可是却被作为“黑霸王”“黑统治”“黑垄断”加以批判。在没有止境的无端批判面前，何泽慧始终一言不发。

“文化大革命”开始后，何泽慧被要求负责研究所的拔草、扫地、打扫厕所的工作。1969年，钱三强接到通知，要求三天之内离开北京，到乡下的“五七干校”参加劳动。临走之前，钱三强壮着胆子向上级提出了一个小要求，能否让何泽慧一起到干校，以便有个照应。

这一要求没有得到批准，但是到12月1日，何泽慧被批准到该地下乡劳动，两个人又生活在一起了。因为干校就在何泽慧下乡的地方。由于何泽慧的身体不好，所以只从事看庄稼、敲钟等轻体力劳动。

做惯了在显微镜下，从成千上万的实验结果中寻找有价值信息的何泽慧，将科研中严谨的作风带到了农业劳动中。据后人说，何泽慧敲钟的时间非常准确，平时大家都是以她敲钟的声音来对表的。看护庄稼，本来是一种可以偷懒的活，只要坐在地头就可以了，但是何泽慧从未这样做过。在她的看护之下，不要说村里的牛羊不能接近庄稼，连麻雀都不能接近。

除此之外，何泽慧还与钱三强一起制作土设备观测彗星。在来到陕西农村四五个月之后，某天凌晨时，何泽慧在天空的西南方向发现一颗彗星，于是他们用木头做了一个三脚架，加上一个小学生用的量角器做成了一个观测设备，用北斗星和仙后座定位，跟踪观测数据，并且写信给在山西乡下的孩子们，让他们也注意看这颗彗星。

1972年，“林彪事件”之后，部分知识分子结束了政治改造。钱三强和何泽慧一家都在此期间回到北京。但是何泽慧坚持不肯再回到原子能研究所了。许多年前，无中生有的诋毁，严重地伤害了她的内心。

于是，何泽慧转到了高能物理研究所，可是研究条件仍旧不好，无法开展正常的研究工作。在一次填写干部履历表时，生性要强的何泽慧在“外语熟练程度”中填了“外文方面曾学过英、德、法、俄，现在都不熟练了”，在“论文”一栏里填写的则是“从1939年起，在国外国内写了一些工作报告，现在已经记不起来了，反正那些东西现在看来都是没有意义的”。

“没有意义”，这绝不是她自己真实的想法，而是对之前无端被批判的一种无奈的表达，也是一种对不公正待遇的一种消极的抗争。

“文化大革命”初期，抄家的人趁何泽慧不在家，闯进家中。在所有被破坏和被带走的物品之中，最为珍贵的是钱三强的日记。自来到法国之后的几十年间，钱三强不间断地写下的几十册日记，消失在了此次抄家中。这些日记是钱三强和何泽慧几十年来参与的所有活动的最重要、最翔实的记录，相当于他们家庭几十年的历史。

“欲亡其国，必先灭其史”，对于一个自幼生长在尊重家族传承的大家族的人来说，家的历史对于个人的意义不比国史对于个人的意义小。她与钱三强为了科学研究冲破千难万险的艰苦经历，正是对何氏家族数百年来读书传统的最好的继承，可是如今记载这一切的最重要的文本消失在了混乱的年代。而且，这是纯粹由人为力量造成的。在将学术研究作为最大的追求的何泽慧看来，在法国的那段愉快的研究经历是非常值得怀念的。

“文化大革命”结束之后，何泽慧便开始四处寻找当年丢失的日记。这甚至成为她晚年最记挂的事情。她甚至对别人说，如果找不到钱三强的日记，便死不瞑目。中科院高能物理研究所的同事、同学，也帮助她通过各种途径查找日记的下落。

温家宝在担任国务院总理之前、钱三强尚在世之时，就曾到何泽慧家里去看望他们。钱三强去世之后很多年，已经担任国务院总理的温家宝仍多次到何泽慧家中去看望她。后来，何泽慧为了找到钱三强的日记，甚至给温家宝写信，希望帮忙找回日记。温家宝对此事也做了批示，尽管有很多人帮忙，可终究是大海捞针，一直都没有结果。

2006年，何泽慧由于腿部受伤住进医院。在康复过程中因为服用降压药导致了脑细胞受伤，在昏迷了一天之后，失去了记忆。在此之前的一段日子，只要有人来访问，何泽慧总是上来就气哼哼地说：“先把钱先生的日记给我找回来再说。”

2008年，何泽慧又患上了脑梗死。2011年，何泽慧因肺积水住院，在抽取肺部积水的过程中引发肺阻性肺炎。6月20日，何泽慧在医院去世，享年97岁。按照她生前的意愿，何泽慧被安葬在父亲何澄与母亲王季山的墓旁边。

第四节　美德共　家风符

除了在性格上更加坚韧，何泽慧像何氏家族的其他成员一样拥有勤俭的美德，一样淡泊名利，一样视金钱如粪土，一样严于律己，一样谦虚待人。

从有关何泽慧的记载中可以看到，她和钱三强回国之后，一直住在中科院于1955年建造的房子里，几十年来从未换过地方，小客厅只有十几平方米，条件十分简陋，家具大多是20世纪50年代购置的旧物件，唯一的一件新家电是一台白色的吸氧机，这是因为她晚年身体不好，出于需要才购置的。

何泽慧当然不是真正的穷困。要知道，在20世纪50年代，何泽慧一家曾经将价值连城的网师园和上千件珍贵文物无偿捐给国家。最主要的原因在于其天性如此，在何泽慧看来，物质条件是如此不重要，是如此应该处在生活的最末位，所以她才如此淡然。在她心里，除对科学的热爱外，再无其他。

一块手表，何泽慧用了很多年，最后戴着表针不走，只有放在桌子上表针才走，可是她仍旧继续用，不去买新的。一套工作服她穿了几十年，袖口烂了，卷起来仍旧继续穿。她平时经常穿着打补丁的衣服，上下班提的人造革书包用了几十年，其中一个拉链坏了，就用夹子夹着，另一个拉链的拉环掉了，就用易拉罐的拉环替代。

何泽慧的女儿、北京大学化学系教授钱民协说："我妈这一辈子不讲吃、不讲穿、不讲住，从来不计较什么条件。她们那一代人，活得轰轰烈烈！或许她觉得自己是非常幸福的，从不认为自己有多大贡献，只是做了她应该做的。"钱民协曾对新华社记者说："我们家里所有人的毛衣都是妈妈织的，现在还保存着一抽屉的毛衣针。"

何泽慧曾经为新中国科学事业做出巨大贡献，在相关领域可谓德高望重。1994年，中国科学出版社计划出版《中国现代科学家传记大辞典》，何泽慧收列于其中，可是何泽慧却坚决不同意为自己立传。直到最后编辑反复催促，何泽慧才勉强写了稿子。

因为排版已经完成，再做修改，时间已经来不及了，编辑不得不把她的传记列在书的最后，但是在"物理学"部分里没有出现何泽慧的名字。编辑不得不为此写了特别说明："此篇传记虽早已约稿，但因何泽慧本人谦让不同意立传，后在本书编辑组一再要求和催促下，作者才着手撰写并于全书付印前交稿。因全书页码已定，不便插入相应学科，故补排在最后。特此说明。"

《何氏族谱》序中讲道："食祖宗之泽，当知创业艰难，虑子孙之愚，须思训提宜早。”自九世祖何溥以来，何氏家族经历了数百年的风雨沧桑，经历了国家危难，经历了民族兴衰，何氏祖先的教诲在一代代何氏家族身上留下了深深的烙印。何氏家族的成员具有明显的家族性格——安分守己，淡薄功利，用心读书，教育后辈……坚守这些美德是何氏家族能够经历风风雨雨的最根本的动力。

能否拥有财富，这与太多的因素有关，与一个人的努力有关，也与一个人的家庭出身、遭遇、经历、命运、机缘等种种偶然因素有关。所以，自古以来，文明社会从来不将拥有财富本身作为崇高的事情和美德。真正能显现出一个人美德的只能是这个人拥有财富的方式。因为一个人如何对待、如何使用自己的财富完全是个人的事情，是个人美德的体现。所以，追求财富从来不是人类社会的终极目的，以合理的方式使用财富，在使用财富的过程中显现出的美德，才是人类社会终极的追求。

第十一章

何氏家风的再继承

进入20世纪后半期以来，中国社会出现剧烈的变化。在此期间，灵石何氏家族仍旧存在，只是其家族统一规范的维持变得越来越困难。比如人口流动越来越便利，这导致家族聚集生活逐渐消失；计划生育政策的实施，导致家族后代数量急剧下降；义务教育的普及，导致家族教育的终结。这些都严重影响着家族规范和家族性格的继承。

第一节　世变迁　古不复

何氏家族在20世纪以后遭遇着巨大的挑战，这是所有曾经传承数百年的大家族都在面临的挑战，也是自20世纪后半期以后新产生的现代家族正在面临的共同的挑战。不同的家族可能有不同的命运，但是都同样遭遇中国社会的转型。影响何氏家族以及其他家族维系的因素有很多。

首先是个人力量的兴起，这是中国社会现代化转型中最重要的一方面。20世纪以来，凡是个人、个性、个体等概念都变成了具有正面意义的词，而限制个人、个性、个体的存在因素都成为消极意义的词。家族曾经对个人产生过非常重要的影响，在某种意义上牢牢控制着一个人的一生，当然也是限制个人、个性的重要因素。家族形成的家风，在某种意义上就是认同某种道德或者习惯，这当然也是限制个体、个性的因素，慢慢都开始遭到质疑。

个人力量的上升，可能并不只是因为生产力的发展，而更是由于观念上的转变所造成的。当一个人认为自己在家族或者家庭中，有必要成为一个独立的个体时，即使力量再单薄，也愿意冲破家族或者家庭的限制，走上自我独立生活的道路，或者在某些方面表现出自我的存在。

何氏家族的何怡贞与丈夫葛庭燧两人，虽然绝不是贪恋财富的人，而且在对待财富上显示了绝对的美德，但是两人一生的财产是独立的，也就是说双方彼此都不清楚对方有多少钱，也不关心对方的收入和支出。这样等于是夫妻双方不“共财”。

何氏家族在现代化的风气上走得很快，早在科举制度还没有被取消的时候，何澄便选择不再参加科举考试，而学习新学问了。在女子教育上，何澄也鼓励自己的女儿读书，甚至出国留学。对于子女的婚恋，何澄更没有任何所谓的“封建思想”。在近代以来追求个性、追求独立思想的影响下，何怡贞选择了让自己的财富与其丈夫分开。不过在很早之前，何氏家族不仅夫妻之间是“共财”的，而且家族内的很多人都是“共财”的，整个家族都生活在一起。

当然，并不是除何怡贞之外所有的何氏家族成员都会选择将个人的财富或者工资独立出来，但是这至少是一种变化。这就意味着家族作为一个整体正在遭受破坏，或者发生变化。不论这种变化对整个社会来说是好处大于坏处，还是坏处大于好处，都威胁到了家族的存在。

如果生活在一起的家庭成员，或者家族成员在财产上都是独立的，那么家族的存在必然在一定意义上受到影响。何怡贞与丈夫葛庭燧在个体财产上的独立性显示了个体、个性的发展过程中，家族共同财富减少的大背景。

当然，何氏家族的族学早在民国时期就已经不复存在，何氏家族的宗祠近代以来也仅存空壳，在“文化大革命”期间，终于连建筑本身也被破坏掉。作为家族共同存在的重要凭证族谱，也很久不再重修。在古代，族谱是家族获得存在感的重要象征，随着家族一代代延续，族谱要不断重修。现在连许多何氏家族成员都没有保存《何氏族谱》，更不清楚《何氏族谱》的内容了。

在这样的情况下，何氏家族流传数百年的家训、家风自然受到了严重的威胁。

其次是“公有化”的挑战，这是最具现代中国特色的内容。20世纪以来，影响家族力量存在的除了社会思潮对个人、个性的提倡外，更重要的是国家力量的强大。20世纪后半期，在共产主义思想的指导下，中国社会大量的财富都集中到国家的手中，中国社会从古代家族内的“共财”变成了整个国家的“共财”。当然，这样的结果使全社会的财富分配问题都变得过于复杂了。

对于家族来说，国家力量还是过于强大，曾经以“共产主义”为名义而变成属于全体国民所有的财富中，有很大一部分曾经是只属于家族内部集体所有的。在这种财富所有权变化的背后，有非常复杂的问题。

随着时间的推移，曾经在历史上对地方文化有过重要影响的何氏家族，在新时代又一次被人提起，成为本地政府用来宣传地方社会，并带动地方投资的一张文化名片。不过，何氏家族曾经居住过的两渡村，现在早已面目全非，至少已经不再是何氏家族的天下了，甚至何氏家族在两渡村所占的人口比例也很少了。在这种情况下，加上大量财富的“公共”化，一些与家族有关的社会问题便很容易出现。

比如2004年，灵石两渡村何氏家族的后代何文苑，为了纪念曾经煊赫一时的何氏家族，经过广泛筹资，终于在两渡村修建了一处名为“何氏文化广场”的纪念地。实际上是一个供本地居民活动的公共广场，只是广场的设计充满了何氏家族的文化标志。比如设计者甚至仿制了一块何澄撰写的石碑，并将其安放在广场上。

这样的文化活动本来是有利于本地的事情，但是由于当代社会中国家、家族、个人三者之间的关系十分混乱，这导致本来不应该有争议的事情却出现了争议。比如，何氏家族的成员在广场修建中，出钱出力，起了很重要的作用，按说这当然是很正常的，但是广场所占的土地却不是何氏家族的，而是本村成员共同所有的集体土地。

广场既然能够得以修建，必然是已经得到了政府的同意。只是其中的土地所属关系复杂，理论上属于国家，名义上属于村民集体所有，事实上使用方式往往由地方政府决定。本村的成员大多都不是何氏家族的成员，在这种情况下，村内的非何姓人员便感到不满，甚至有人放言要将镌有“何氏”两字的石碑拆掉。

在土地公有化的名义下，每个人都可以说自己是土地的主人，即使政府已经决定了土地的用途，哪怕是以少数服从多数的名义。少数持有不同意见的人，至少仍有权利表达不同意见。在这种情况下，能够反对“不同的个人”意见的只有“个人”，而不是家族，因为在这其中，根本没有家族的位置，只有国家和作为个体存在的个人两方。

所以，财物的国家化、公有化事实上提高了国家的影响力，削弱了家族的力量。虽然在理论上个体都有发出独立声音的权利，但是却让本来简单的问题变得复杂了。如果土地是私有的，那么就不会存在上述的问题。如果家族拥有强大的力量，这些问题也会变得简单。

家族在现代社会还面临着更多其他方面的挑战，比如城市化和计划生育。近代以来，何氏家族中有出息的成员都离开农村，进入城市。城市化在当前的中国已经演变为一种文化价值取向，所有人（尤其农村的人）都将城市看作是比农村要好要更文明的地方。农村地区在文化上慢慢失去自信，传统的伦理体系逐渐崩溃，农村的人口体系也被城市化的体系改变。操着方言、皮肤粗糙黝黑、思想简单的农村人被认为是粗鲁、野蛮、没有文化的象征，甚至仅仅走在城市的大街上也每每会遭到警察的盘问。

这样一来，至少作为何氏家族的“根”的两渡村，就不可能再有担负何氏家族文化根源的力量了。

此外，计划生育政策让传统模式的人口繁衍受到限制。在传统时代，只要有物质基础，就能繁衍更多的后代。仅从家族维系的角度来说，在当代，生育受到多种因素的限制，家族的繁衍和维系受到明显的限制。

还有，现代义务教育制度与古代的教育模式有很大的差别。在现代学校里读书的孩子，不必来自同一个家族，不再像传统时代的孩子可以去族学读书，甚至来自天南海北，家庭背景迥异。不同的孩子身上传承了不同的生活习惯、社会习俗。这固然有利于一个人开阔眼界，学会理解文化上的差异，但也容易减弱家族、家庭对个体成长的影响。

第二节　治大国　要家族

在传统社会，家族是处在个人与国家之间的重要力量。在现代社会里，出于种种理由，比如崇尚自由、尊重个性发展、提倡个体独立等说法，作为天然形成的、小规模的、稳定的组织团体的家庭越来越被消解了，作为社会成员的个体开始以单独的身份面对国家的存在。

这样，组成国家的成分开始变得单一、同质，国家的管理变得简单了，国家只需要直面个体即可，个体之间的需求无外乎那么几方面，其实大同小异，于是国家不再需要面对过于复杂的利益诉求了。这种现象在欧美一些很小的国家中表现得非常明显，这也是早期中国老子一派的政治思想。

但是，这样一来也有一些问题，家庭力量的缩减，每个人都作为单独的个体直接来到社会，直接与国家发生关系，这种状况到底是不是真的能使一个人过得更幸福呢？一个人到底是更希望过上“老婆孩子热炕头”的生活，还是更希望过上一种以独立的姿态存在于整个社会中的生活呢？也许两种方式各有利弊，这两种取向之间的争论是一个千古难题，是研究政治学的理论家们整天都在思考的一个大问题。

有着如此悠久历史的中国在国家理论建设上也一直面临这一问题。自孔子以下，中国的国家理论发展的趋向就一直朝着一个明显的方向发展，即中国的思想家和政治家趋向于将家庭或家族视作一种可以让国家管理变得轻松，让社会成员的生活变得更幸福的因素。在中国古代，家族在国家中的存在从来不被压制，反而被提倡。所以，中国没有产生古希腊式的哲学，没有产生印度式的宗教，也没有产生自由、民主这样的观念，但是却产生了"家族"这一名词。

家族对国家管理有不少的好处。有了家族的存在，家族内的成员就获得了基本保障，即使对于小门户来说也是一样，家族内的所有小家庭在养育子女、参加劳动等事务上可以统一行动，相互扶持，这样可以减少重复劳动，提高资源利用效率。在现代社会，生产力固然已经大大提高，但是目前的中国仍旧无法与欧美一些国家相比，仍有很多的家庭在养育子女、教育后代、养老等问题上处于十分拮据的状态。更重要的是，家族可以为弱者提供最基本的保障，这样就会节省国家在保障老弱病残群体生活的公共开支。尤其对于老弱病残这些本身在身体和心理上都处于弱势的群体来说，从以家族为单位的小环境下所获得的照顾，哪怕物质条件并不怎么好，但是其中的温暖，也要远远大于纯粹公共式的照顾。

家族也能给国家管理带来不少问题。如果家族力量过于强大，势必垄断基层权力的运行。尤其在家族与家族之间会造成严重的不公。比如一个大的家族和一个小的家族，如果因为土地买卖、事务纠纷产生矛盾，小家族必然无法与大家族相抗衡。实力强大的家族会通过各种手段影响基层政府的决策，甚至通过不正当的手段隐瞒财产、隐瞒人口，减少自身上缴的赋税。这些情况直接威胁国家权力的运行。

在有利也有弊的情况下，中国古代社会之所以能够走上鼓励家族力量发展的道路，有着十分复杂的思想背景，也经历了很长时间的摸索。儒家政治理想，自先秦开始就提倡一种“轻徭薄赋”的税收政策。上古时期的“十一而税”，西汉文景帝时期的“三十而税”（只收取总产量的三十分之一）总是被后世的儒家学者津津乐道。减少税收意味着减少政府力量或国家力量。在现代政治学中，到底是采取增加税收以增加公共服务，还是减少税收以减轻百姓的负担，这是有争议的。但是在中国古代，这一点一直没有什么争议，减少税收本身就意味着政治上的“正义”，而增加税收往往意味着政治上的“不正义”，被冠以“横征暴敛”的名号。

“民为贵，社稷次之，君为轻”，这样的话绝不是空洞的口号，在漫长的历史长河中，中国人一直在寻找可供实践的制度设计。在国家的需要和百姓的需要两者之间，中国古代政治制度设计选择的是百姓的需要。儒家思想家对国家力量的存在抱有十分的戒心，但是对于家族则完全放任。在儒家思想看来，家族的存在出于人类自然的感情，一个家族内部即使再混乱、再邪恶，也不至于坏到哪里去，儒家思想做出了人性为善的假设，任何一个人即使做了对社会、对他人有较大危害的事情，都必然不会没有一点点的感情，没有一点点的善良之心的。但是儒家思想对于国家则完全不是这样，国家并不是人类出于自然感情的需要而建立的。减少征收赋税，这意味着老百姓可以直接获得收益，而增加赋税，却并不意味着这些赋税必然会被用在老百姓身上。如果没有足够的税收，政府就没有力量提供足够的社会保障，社会群体中弱者的利益如何得到保护呢？这便是家族在中国古代拥有无比重要地位的根本原因。

第三节　有家族　不孤独

在儒家思想的影响下，古代有知识、有文化、有能力的人大都将家庭作为自己道德追求的最重要的出发点和落脚点。比如一个人尽管腰缠万贯，但是如果不孝顺父母，不能照顾家人，同样会被认为没有任何意义，甚至会被认为是邪恶的。直到今天，不孝仍旧被很多人认为是绝对不能接受的道德底线。孝顺这一道德理想一直维系着中华民族的道德追求。

所以，中国古代的人并不太理解“自由”这一观念，每个人从小生活在家族之中，受到家族的影响，获得家族提供的物质照顾，获得家族提供的道德习俗和生活习惯。一个人在面对社会的时候，不是一个单独的个体，而是以一个家族的成员出现的，家族为每个人提供了保障，而一个人在社会上立足并且有所收获的时候，也需要回馈其所在的家族。每个人都与自己的家族同气连枝，每个人的利益都与整个家族的利益相与为一。所以，在今天看来，在社会生活中，作为家族成员的个体并不是绝对意义上的个体，个体生活的各个方面都要按照家族的要求来，甚至道德选择也不能违背家族的传统。

另外，家族的存在，让每个人都不再孤单，每个人都因为家族的存在而成为世俗中人，甚至家族就是每个人心灵的寄托，每个人从生到死，甚至死后的事情都交给了家族。如孔子所言："未知生，焉知死。"所以中国人不需要严格意义上的宗教来寄托由"入世"与"出世"、由此世的"生"与彼世的"死"所带来的"绝对困惑"，只需要在面对连家族都无法解决的问题时，用另一个世界的神仙喜欢的礼品"贿赂"一下。

20世纪的中国，经历了无数次财富和权力的再分配，社会结构始终不稳定。一代人的财富和权力还没有积累起来，便遭遇战乱或者政治运动的摧残。家族的兴衰无常，伴随着国家的动荡不安，无数曾经煊赫一时的大家族在历史的车轮下被碾压得七零八落，普通百姓朝不保夕的生活状态，让家族生活成了一种渐渐逝去的记忆。

在一般百姓看来，再也没有了像科举制度这样可以穿越朝代更替，不因政权结构之别，而持续上千年的社会制度，来托付子孙后代了。混乱的政局加上朝令夕改、靡有恒常的政策，让普通百姓觉得没有哪一种制度是可以稳定不变、值得世代信赖的。一切制度都可以完全推倒重来，人的精神世界也变得苟且偷生。在这样的社会背景下，家族精神、家族传统的继承与发扬，除非能给今天换来实实在在的存在感，否则便没有人会再去注意。

最重要的是，随着家族观念的消失，而社会观念渐趋认为，一个个独立的个体有了独自在社会上生存的能力，而且这种"独立自主"的生活观念还是一种被提倡的好观念。在这种情况下，虽然一些人身上还保留着曾经存在的家族性格、家族风气，但是家风继续传承的土壤却处在正被消解的状态中。

广大的个体追求独立自主的同时，开始发现在很多时候，物质上的独立并不能换来精神上的独立。在追求“现代化”的过程中，中国人逐渐开始发现自己精神世界的无所依祜，家庭以及曾经的家族为个体提供的温暖的港湾，渐渐地又回归到普通人的世界中。家庭越来越成为一个人生活中最重要的事。

在这样一个拥有数千年厚重的文化积累的大国，一时的破坏和不稳定终归不能改变大的趋势。国家始终需要考虑长远的发展，而家庭也是如此。如果一个家庭成长起来了，成了一个有影响力的家族，而不想很快因为骄奢淫逸成为破坏社会，也自我破坏的因子，那势必会思考家族如何得以延续，并继续发展壮大的法宝。即使一个普通的家庭，只要还存有基本的理性，也必然希望自己的后代不仅能够继承先人的身体，而且能继承先人的精神。

从家庭教育的角度来说，任何一个人都只能决定自己做什么，但是却无法直接决定下一代人的选择。灵活或者松散的家训与家风，实际上可以借助情感的力量对后代产生极为重要的影响，是传承先人思想的一种极为有效的途径。

从个人生活的角度来说，一直缺少真正意义上哲学思想的中国人，始终都无法将哲学式的生活作为值得追求的主流生活。在中国人看来，一个人必须要走进社会，要生活在社会中，才能获得和实现人生的价值。

所以，尽管因为社会变迁导致家族与家风渐渐消失，但是家族与家风始终都是中国文化的一部分。除非中国人全都像西方人一样虔诚地皈依宗教，否则，百余年的跌宕起伏，总是不能改变中国社会发展的主线。由自然之情形成的家庭和家族关系，仍将在整个社会结构中有其一席之地。

人类社会发展绵延，永远都没有回头路。曾经的社会绝对没有后代想象得那么美好，但是在很多方面，也不是像后代想象的那么糟糕。任何一个时代，都有数以亿计的人生活在其中。如果今天的社会还存在种种问题，如果当前的时代还远非完美的时代，那么生活在今天的人，最应该做的事不单是面向一切尚无从知道的虚空未来，而且是回望已经实实在在存在过的过去。

在中国古代，社会管理者曾经为了将一个庞大的国家治理得井井有条，选择了家族作为国家与个人之间的过渡。按照儒家修身、齐家、治国、平天下的思想，一个人首先是某姓氏、某家族的成员，其次才是国民。家族帮助一个人渡过从生到死各阶段中遇到的困难，也限制一个人从生到死各个阶段的道德选择。每个人都享有了家族带来的温暖，也背负了家族的道德标签，形成了一个家族代代传承的基本风气。这其中的纠结、问题和好处，会伴随着人类社会一直走下去。

参考文献

[1]何思忠.何氏族谱[M].乾隆三十五年（1770年）本.

[2]耿步蟾，李凯明.民国灵石县志[M].台湾：成文出版社，1934.

[3]张杰.清代科举家族[M].北京：社会科学文献出版社，2003.

[4]中国人民大学清史研究所.清史编年[M].北京：中国人民大学出版社，2004.

[5]刘海峰.科举学导论[M].武汉：华中师范大学出版社，2005.

[6]齐如山.中国的科名[M].沈阳：辽宁教育出版社，2006.

[7]邵建东.浙中地区传统宗祠研究[M].杭州：浙江大学出版社，2011.

[8]苏华.何澄[M].太原：三晋出版社，2011.

[9]刘深.戈与荷：葛庭燧何怡贞传[M].北京：清华大学出版社，2011.

[10]葛能全.钱三强[M].石家庄：河北教育出版社，2011.

[11]刘晓.卷舒开合任天真：何泽慧传[M].上海：上海交通大学出版社，2013.

[12]刘文智.清代前期的山西商人[J].天津社会科学,1987（3）：70—74.

[13]丁天顺.科苑何氏三姐妹——记晋籍科学家何怡贞、何泽慧、何泽瑛[J].文史月刊，2003（2）：36—40.

[14]董全庚.“中国的居里夫人”何泽慧[J].文史月刊，2002（9）：27—30.

[15]龚延明，高明扬.清代科举八股文的衡文标准[J].中国社会科学，2005（4）：176—208.

[16]冯尔康.清代宗族的兴学助学及其历史意义[J].清史研究，2009（2）：1—13.

[17]赵洪明.我国第一代女核物理学家——何泽慧[J].现代物理知识，2009（3）：46—51.

[18]苏华，张继红.何泽涌：放大的细胞人生[J].黄河，2009（6）：4—28.

[19]田里，刘名意.何泽慧与钱三强：与子偕老的科学伴侣[J].幸福（婚姻），2011（9）：50—52.

[20]刘小庆.清代士子科举考试活动研究[J].华中师范大学硕士学位论文，2012.

[21]大型人物传记《何澄》一位“民国要人”的多角度记录[J].编辑之友，2012（1）：130.

[22]吴志菲.何泽慧：“中国的居里夫人”一生如歌[J].芳草（经典阅读），2012（2）：94—95.

[23]志菲.何泽慧院士的人生传奇[J].中国人才，2012（9）：56—57.

[24]文绮.清代灵石何氏家族研究[J].辽宁大学硕士学位论文，2013.

[25]魏顺光.清代政府关于坟产的法律规定[J].求索，2013（1）：93—96.

[26]张欣.灌木楼藏珍——何澄及其子女捐赠展[J].上海工艺美术，2013（3）：48—49.

[27]王瑛.近代晋中商人的新式教育研究（1903—1937）[J].山西师范大学硕士学位论文，2014.

[28]探访两渡何氏[N].山西晚报，2006-06-06.

[29]曲丹丹.两渡村：倾力打造品牌村[N].中国企业报，2009-08-31（8）.

[30]苏州十中校长发悼文——像何泽慧那样做校友[N].姑苏晚报，2011-06-22.

[31]灵石何氏文脉旺——析清代灵石“何氏试艺”之书版[N].三晋都市报，2012-02-22.

[32]十全街上走出的“何氏三花”[N].姑苏晚报，2012-08-06.